Jaime Ángel de Casas Puig

TRILOGÍA NÉMESIS
TOMO II
LA CONJURA DE LOS VENCIDOS

ESPAÑA

2015

Puede contactar con el autor en el correo:
Gabrieldealarcon2014@gmail.com

Contacto en facebook: Jaime Castilla Portugal

Título de la obra: La Conjura de los vencidos (Trilogía Némesis, Tomo II)

Diseño de portada:
José de Jesús Valle García

ISBN: 978-84-608-4415-0
Primera Edición, diciembre 2015

Trazos

En esta su segunda novela de la Trilogía Némesis, Jaime de Casas Puig (Madrid-1956) continúa su carrera de escritor que conjuga, en sus tiempos de ocio, con su dedicación a la poesía, a la composición musical, y al teatro, sus actividades más queridas.

Antaño ejerció como secretario de ayuntamiento en diversos pueblos de Cuenca y Ciudad Real, en la profun-da, a veces ingrata, diversa, sectaria, entrañable y, a pesar de todo, siempre amada piel de toro. Allí transcurrió la que él considera su etapa más enriquecedora desde el punto de vista humano.

Luego fue abogado, empresario autónomo, y funcionario del Estado en la Biblioteca Nacional de España, el Museo Nacional Centro de Arte Reina Sofía, y últimamente en la Embajada de España en México.

El autor acariciaba desde hace tiempo la idea de escribir sobre la Segunda Guerra Mundial, volcando en los libros sus conocimientos, su experiencia vital y su visión sobre diversos temas que, a pesar del tiempo transcurrido desde la finalización del conflicto, siguen siendo de interés en la actualidad, como se ve a diario en las casi siempre malas noticias que nos ofrece el sistema.

Este segundo tomo evoca, sobre todo, la historia de una persona que se crece ante las dificultades en su búsqueda desesperada de la justicia: *Cuando estés tumbado levántate, lucha, y aguanta vara.* De nuevo afloran en algunos personajes el valor, el heroísmo, la patria y el desapego a lo material, frente a la cobardía, la comodidad, las dudas y, sobre todo, la banalidad del mal, como diría la filósofa Hannah Arendt.

Nuestro escritor no habría podido elaborar el primer libro, ni el segundo de su trilogía Némesis, sin beber en las fuentes de su variada experiencia de vida. En especial, sus estancias en Alemania —en la Baja Sajonia—, de niño y joven; sus conversaciones con personas ya fallecidas y nunca olvidadas; sus breves estancias en París; y su interés por el mundo judío, sobre todo sefardita, han sido fuentes primordiales para la elaboración de Némesis.

Junto a ello, su trayectoria profesional, dura y exigente, en puestos de responsabilidad, y las experiencias familiares, con sus luces y sombras, le han permitido madurar en el análisis de los personajes, pretendiendo que estos no sean una cáscara vacía, sino que el lector los sienta muy próximos y pueda identificarse con algunos de ellos, pues son... casi reales.

Nota del autor

Querido lector, la presente novela, «La conjura de los vencidos», forma parte de la trilogía Némesis, que se inicia con «La guerra del capitán Meinhof» y finaliza con «El peso de la conciencia». Cada obra es autónoma y puede ser leída de forma independiente, toda vez que en la segunda y tercera novelas he introducido, como si se tratase de un primer capítulo, una breve recapitulación de lo anterior.

No obstante, con el fin de disfrutar más de la lectura y de todos sus matices y personajes, recomiendo empezar por la primera novela de la trilogía. De esta manera se enriquecerá sin duda la comprensión y el conocimiento de una época tan apasionante como las décadas de los años 30 y 40 del siglo XX.

En cada capítulo, con el ánimo de dar más fuerza al texto, he optado por emplear algunas palabras alemanas y francesas. Pero el lector no debe de incomodarse, pues en la mayoría de los casos la traducción acompaña a cada palabra extranjera mediante paréntesis o guiones. He preferido no utilizar notas a pie de página para mantener el ritmo de la lectura.

Muchas gracias

Agradecimientos

La elaboración de una novela suele ser larga y dificultosa. La inspiración es sólo una chispa de pedernal que encuentras, a veces, a lo largo del sendero, generalmente cuando menos te lo esperas. Pero es el hemisferio izquierdo del cerebro el más importante, el que nos da la disciplina y el empuje en esto de la creación literaria. El escritor que lucha desesperadamente por ver su obra publicada es un obrero a lo Bertolt Brecht, que a mi juicio debe ser un estajanovista en el trabajo, y un Alva Edison en la constancia, para no venirse abajo. Por ello, los apoyos recibidos son siempre bienvenidos y muy valorados, permitiendo al autor disponer de contribuciones y puntos de vista diversos, que enriquecen sin duda el contenido de su obra.

En especial, quiero reconocer a Ana Elías, erudita de Arte, sus correcciones ortográficas y de estilo, y el apoyo entusiasta que me ha brindado en todo momento; a Pedro Barbabosa Escudero, miembro de la Academia Mexicana de Genealogía y Heráldica, sus inteligentes y sabios consejos para la impresión y publicación de la novela, y sobre todo, sus buenos oficios para entrar en contacto con la región mexicana de los Altos de Jalisco y sus gentes, orgullo del mundo hispánico por la heroicidad demostrada en diversos momentos de su historia.

A mis colegas y cómplices en esta aventura, Francisco Alcalá Barba y Francisco Gallegos Franco, cronistas oficiales de la ciudad de Tepatitlán de Morelos, y a la psicóloga Anny Alejandre Cortés, agradezco su comprensión y contribuciones inestimables para la terminación y difusión de esta novela.

Asimismo, en esta primera edición en España, quiero agradecer, muy especialmente, la ayuda recibida por parte de Ander Barinaga-Rementeria Arano, gestor de la industria cinematográfica.

A todos ellos agradezco sus aportaciones que he tratado de integrar en *La conjura de los vencidos*.

Madrid, a 17 de noviembre de 2015

El autor

Prólogo

Jaime Ángel nos invitó a colaborar en la publicación de sus trabajos sobre la Trilogía Némesis, obra literaria que consideramos atractiva. Con esta acción enriqueceríamos nuestro acervo cultural. Pensamos que se trataba de reconocer solamente su obra, además de una labor mecánica en la impresión de sus libros por parte de nuestro Consejo de Cronistas de Tepatitlán. Pero como dice el autor en el segundo libro de la trilogía: «El plano no es el territorio». Así fuimos más allá de los arduos trabajos de edición y, de buenas a primeras, el autor nos pidió que elaborásemos el prólogo de sus obras, tocándome en suerte el segundo de sus libros titulado *La conjura de los vencidos*.

La lectura de esta segunda novela me trae a colación el recuerdo de algunas obras leídas desde mi infancia, que tanto me fascinaron con el tema de la Segunda Guerra Mundial.

Alemania había experimentado los horrores emanados de la derrota en la guerra, y vivía su reconstrucción material. En este ambiente de renacimiento económico, *La conjura de los vencidos* surge como un reflejo del pasado turbulento vivido por la compañía de infantería 150. En la conspiración germinan aquellas sinergias que permiten invariablemente a los involucrados hacer cambios fundamentales en la convivencia de la nueva sociedad alemana. En algunos momentos de la novela su actitud nos parecerá demasiado radical, que se extralimita, y al final ansía la búsqueda de una estabilización psicológica, sin dejar a un lado la necesidad de establecer una hegemonía entre los aguerridos miembros de la conjura, y hacer de ésta el fiel reflejo de un pasado perturbador.

Jaime nos narra con todo dinamismo una situación muy humana, portadora de luz en el comportamiento de los ex miembros de la 150, a su vuelta del terrible Frente del Este, después de ser derrotados por las fuerzas rusas y llevados al cautiverio, ante la complaciente traición de un capitán de las SS. Al mismo tiempo nos muestra como otro capitán, del ejército regular, trata con vehemencia de establecer entre sus ex compañeros una confabulación en contra de quien consideraban el gran traidor y causante de sus desgracias.

Los vencidos en la guerra; su cautiverio; el oro de los judíos de Ucrania; el oro de la traición; su fundición en nuevos lingotes, para hacer desaparecer toda huella de su origen; la conjura de los vencidos; la búsqueda del testigo, y otros eventos, han sido concatenados por Jaime Ángel de Casas Puig para deleite espiritual nuestro.

Más allá de su lectura, no existen limitantes para forjarnos en nuestra imaginación otros magníficos escenarios, aparte de los aquí narrados.

Francisco Alcalá Barba

Miembro del Consejo de Cronistas de Tepatitlán

A mi escritora preferida con todo mi respeto y admiración, Irène Némirovsky (1903-1942), que me ha hecho disfrutar tanto de la lectura.

«A veces, mejor que combatir o querer salir de una desgracia, es probar a ser feliz dentro de ella, aceptándola». (Maurice Maeterlinck)

Recapitulación

Aislada en el frente de Ucrania, la compañía de infantería 150 de la *Wehrmacht* —el ejército alemán durante la Segunda Guerra Mundial—, a cuyo mando se encuentra el capitán Wilhelm Meinhof (Willy), recibe el 12 de octubre de 1943 un cargamento de veinticinco cajas llenas de lingotes de oro, depositadas por un destacamento de las *Waffen SS* —la rama militar de las SS—. Sin teléfono y sin radioemisora, Willy, tras consultarlo con su hombre de confianza, el sargento Klaus Zimmermann, decide enviar al soldado Hans Witzcke, el más capaz, al cuartel general del regimiento. La misión consiste en recabar órdenes sobre la retirada de la compañía y el transporte del ingente depósito de oro, ante una próxima ofensiva soviética.

Al día siguiente, de camino al *Hauptkommando* (el cuartel general*)*, Hans se topa con una granja donde está acuartelada una compañía de las SS perteneciente a la división Leibstandarte SS Adolfo Hitler. Al mando de la unidad se halla el *Hauptsturmführer* (capitán) Kurt Peckmann, que se hace cargo de las órdenes. Después de consultar al alto mando de las SS, se dirige con el soldado Hans a la jefatura del regimiento del ejército regular, cuyo jefe es el coronel Ludwig von Heusenberg. Este militar, un aristócrata prusiano de la vieja escuela, es conminado a refrendar las órdenes de las SS para el transporte del oro. Según éstas, la evacuación y el traslado del metal precioso deben retrasarse hasta el día siguiente, a las nueve de la noche, pues las Waffen SS tienen que participar en la operación. El desacuerdo de Ludwig con el mandato —al disponer el ejército regular de tropas motorizadas para adelantar la evacuación— y los modales del SS provocan una fuerte discusión. Von Heusenberg se comunica entonces con su superior, el general Eberhardt. Éste le confirma el plan establecido por las SS y el coronel, en contra de su voluntad, no tiene más remedio que acatar la orden y retrasar la evacuación de los hombres de su regimiento.

De vuelta a la granja, donde se encuentra acuartelada la compañía del capitán Peckmann, éste se hace cargo de un prisionero ruso, un teniente coronel, y decide llevarlo él mismo al cuartel general en una moto con sidecar. El soldado Hans se queda en la unidad de las SS, esperando la vuelta del oficial. Transcurridas ocho horas y ya anocheciendo, el capitán regresa y relata como el prisionero se le ha escapado en una escaramuza que ha tenido con los rusos. Luego, se dirige con Hans a la posición que ocupa la compañía 150, para entregar al capitán Meinhof las órdenes ratificadas por el coronel Von Heusenberg. Alcanzada la posición, el capitán Meinhof, a petición de Peckmann, le enseña al SS el lugar donde se encuentran escondidas las cajas de oro.

Al día siguiente, el 17 de octubre, ante la calma reinante y la expectativa de evacuación a las nueve de la noche, Willy y el soldado Albert Bukovsky parten por la mañana hacia una aldea que está a 4 km de la posición. Se trata de recuperar la moto que Peckmann y Hans habían escondido allí el día anterior. Tras diversas dificultades, consiguen ponerla en funcionamiento y se montan en ella, pero al salir de la aldea estalla una mina que está a punto de acabar con ellos.

Entretanto, en el promontorio que ocupa la compañía 150 está teniendo lugar un inesperado ataque de los rusos. El *Hauptsturmführer* Peckmann, que, en ausencia del capitán Meinhof, se ha quedado al mando de la unidad junto con el sargento Zimmermann, reacciona de forma insólita: se queda paralizado y no toma ninguna decisión. Ante la gravedad de los hechos, Zimmermann y otros suboficiales le exigen que dé instrucciones para la defensa. Pero éste, al contrario, ordena la rendición incondicional. La orden no es aceptada y el SS es destituido del mando fulminantemente, iniciándose el combate con los rusos. En el transcurso de la batalla, el sargento Gerald Funke, uno de los hombres más queridos de la compañía, es abatido por el enemigo.

El final de la batalla coincide con el regreso a la posición del capitán Meinhof y del soldado Albert. Willy es informado de la gran cantidad de bajas y de la actitud derrotista del capitán Peckmann, a quien va a ver, recrimina, y mantiene arrestado.

A las pocas horas se produce el segundo ataque soviético con terribles consecuencias, pues sólo 54 soldados de los 140 que componen la compañía quedan en pie para seguir luchando. En medio de la crueldad de la guerra, se acepta una tregua propuesta por el mando enemigo para recoger a los muertos y heridos. Durante la misma se parlamenta y los rusos ofrecen la rendición a los alemanes dándoles media hora para decidirse.

Willy vuelve a su unidad, abrumado por la inmensa responsabilidad que supone la decisión de continuar la lucha o capitular. Finalmente, después de reflexionar sólo, reúne a sus soldados y les consulta para que sean ellos quienes decidan. A las tres de la tarde del 17 de octubre de 1943, después de aceptar el enemigo las condiciones de la rendición, los supervivientes de la compañía 150 se entregan a los rusos.

Cuando los soldados alemanes son conducidos al cautiverio, Hans Witzke, cuya familia por parte de su madre es rusa, escucha la conversación del capitán Peckmann con un coronel soviético. A cambio de una parte del oro, el SS revela a los rusos el lugar donde se encuentra escondido el cargamento junto con información relativa a la evacuación de la compañía y al transporte del metal precioso. Alertado el capitán Meinhof, éste, el sargento Zimmermann, el cabo Walter Schuhmacher y el soldado Bukovsky, se conjuran para guardar silencio sobre la traición de Peckmann hasta que vuelvan a Alemania.

El retorno a la patria, en enero de 1951, no produce los efectos esperados y Willy se sume en la depravación comportándose de un modo extraño. Presa del vicio, del dispendio y de la degeneración, la idea del suicidio ronda constantemente en su cabeza. Como consecuencia de sus acciones extremas, es internado en un hospital para veteranos de guerra en Hamburgo. En ese sanatorio se encontrará con uno de sus camaradas, el cabo Walter Schuhmacher, y allí conocerá también a la enfermera Ilse Zweig por quien siente un vivo interés. En diciembre de 1951, restablecido de su enfermedad, regresa a Karlsruhe, su ciudad natal, situada en el Ducado de Baden al suroeste de Alemania. Allí le esperan su madre y su hermana Erika. Pero una idea obsesiva le ronda en la cabeza...

Paralelamente a la trama principal, en la primera novela de la trilogía se resume lo que ha sido la historia de la familia Meinhof en general, y de Erika Meinhof, la hermana del protagonista, en particular.

La familia materna de Wilhelm Meinhof es oriunda de Viena, desde donde a finales del siglo XIX sus abuelos emigran hacia Karlsruhe. En su nuevo entorno, Editha, hija única, conocerá a Gustav Meinhof, el padre de Willy. Éste es un hombre que se ha hecho prácticamente en la calle, al quedarse huérfano a los doce años y tener que cuidar de su madre y de su hermana Brunhilde.

Gustav y Edith contraerán matrimonio en 1913 y luego sufrirán los avatares de una época llena de claroscuros: la Gran Guerra, de 1914 a 1918; la etapa de la hiperinflación; la bonanza económica de los años 20; la gran depresión provocada por el crack de Wall Street de 1929; y el resurgir de Alemania a la sombra del nacionalsocialismo de Hitler. Tienen dos hijos, Wilhelm y Erika. A todos ellos afectará el adoctrinamiento del nuevo régimen. Willy y su padre Gustav se declararán abiertamente en contra, pero la pequeña Erika, que nace en junio de 1925, es presa fácil del proceso ideológico nazi. Gustav no podrá impedirlo pues muere de un infarto en agosto de 1939, sólo un mes antes de iniciarse la Segunda Guerra Mundial.

En esta tesitura, Erika Meinhof, de 16 años, es enviada por su madre a París en junio de 1941. La finalidad del viaje es desintoxicarla de las doctrinas del régimen y aprender el idioma francés. En la ciudad de la luz, Erika vivirá con tía Elsa, una mujer independiente, muy avanzada para la época y amiga de su madre desde la infancia.

Durante su estancia en la capital francesa, conocerá a David Goldenberg, un niño judío de ocho años, y a la familia de éste. El fruto del encuentro y el contacto con la cultura judía producirán su metamorfosis ideológica. Erika madurará aceleradamente al ir descubriendo la deshumanización y crueldad hitlerianas.

La doctrina nacionalsocialista, que prácticamente había mamado desde pequeña cuando con ocho años entró a formar parte de la *Bund Deutscher Mädel*, la rama femenina de las Juventudes Hitlerianas, se desmoronará poco a poco. Las acciones sistemáticas e injustificadas llevadas a cabo contra los hebreos en su vida diaria y su exterminio, del que tiene noticia, la desencantarán y pondrán finalmente en cuestión su adhesión al movimiento nazi.

***

Hogar, dulce hogar

A Willy Meinhof, ya bastante restablecido tras su estancia en el hospital de veteranos de Hamburgo, la vuelta a casa era la mejor terapia que se le podía aplicar para completar su curación. Ahora, lo fundamental era aclarar sus ideas y reflexionar sobre el futuro. A punto de iniciarse el año de 1952, Alemania del Oeste, todavía ocupada y dividida en sectores como consecuencia de los acuerdos de Yalta y de Postdam, empezaba a convertirse bajo la dirección del canciller Konrad Adenauer en el *Milagro de Europa*. En ese ambiente de crecimiento económico, ofrecimientos profesionales no le iban a faltar. Además estaba el patrimonio familiar, algo abandonado y que convenía cuidar. Esta actividad, consistente en innumerables cálculos, gestiones administrativas y algunos pleitos, junto al trato con los inquilinos, las comunidades de propietarios, el Ayuntamiento y demás miserias cotidianas, consumían mucho tiempo y cuantiosas energías.

Pero en realidad, lo que más le preocupaba, lo que le corroía por dentro, no era su futuro profesional. Pensar que el causante de la muerte de tantos de sus soldados, el que pactó el ataque de los rusos contra la posición, el antaño *Hauptsturmführer* (capitán) de las Waffen SS, Kurt Peckmann —a quien no había olvidado ¡un solo día!, durante su cautiverio— podía seguir vivo y disfrutando de la gran fortuna que había robado, era insoportable. Una fortuna manchada además con la sangre de los judíos de Ucrania, vilmente expoliados y asesinados por las SS, cuya acción más conocida en dicho país fue la del 29 y 30 de septiembre de 1941 en Babi yar. Esto le era inaceptable por razones de responsabilidad y justicia, en especial para los caídos y sus familias; por el vínculo sagrado de la camaradería que les había unido a todos; y por el afecto hacia los supervivientes de la compañía 150, que tan bravamente habían luchado y depositado su confianza en él durante la guerra.

16

Faltaban unos días para la Navidad de 1951 y, en casa de los Meinhof, todo eran preparativos para una fiesta que desde hacía años no celebraban juntos. El *Tanenbaum*, el clásico árbol de Navidad, ricamente adornado, lucía en el salón junto a los retratos de los antepasados, entre los que el de Gustav Meinhof ocupaba un lugar privilegiado. El *Schwiboggen* —candelero decorativo que se pone en la ventana— y los *Räuchermännchen* —figuritas de madera representando diversos oficios— estaban colocados por toda la casa; el *Glühwein* —vino caliente con especias— y los *Plätzchen* —pastas de Navidad— estaban ya preparados, listos para ser degustados. Nada había sido escatimado para que el ambiente fuera de lo más agradable y festivo. En esta oportunidad, como acción de gracias por haber regresado Willy de Rusia sano y salvo, y haber superado el coma, gran parte de la familia se iba a reunir. Querían estar todos juntos, al menos el día de Nochebuena, para celebrar como católicos la Natividad del Señor. En verdad, para Willy se trataba casi de una novedad, pues a causa de la maldita guerra, la última Navidad que había podido rodearse del calor familiar había sido la de 1942.

Erika no cabía en sí de gozo y no dejaba a su hermano ni a sol ni a sombra; los meses anteriores a su extraña enfermedad, éste le había hecho muy poco caso. «Ahora —pensaba satisfecha—, sí que ha vuelto de la guerra para estar con nosotras». Y es que, con su madre y su novio Wolfgang, Willy era su ser más querido, aquél a quien ella admiraba más, el que había superado muchos obstáculos donde otros se habían batido en retirada o simplemente se habían hundido.

Para su madre Edith, lo fundamental era ver a la familia unida y a sus hijos con salud. Willy le había dado muchos quebraderos de cabeza y ahora ella creía, muy tradicionalmente, que la vida de su vástago volvería a la normalidad, que conocería a algún buen partido, se casaría y le daría muchos nietos. Lo cierto es que Willy, aunque en lo afectivo se le parecía mucho, también había heredado la determinación y fuerza de voluntad de su padre Gustav, en particular su gran capacidad para afrontar las situaciones más extremas... y para meterse en aventuras de resultados inciertos.

Las fiestas de Navidad de 1951 fueron inolvidables. La armonía familiar se impuso, pues entre sus miembros no había intereses contrapuestos y además se querían.

**

A principios del mes de enero del año entrante, Willy no esperó más para poner en marcha sus planes. Había meditado sobre lo que tenía que hacer, y sopesado los pros y los contras, tratando de ser los más racional posible; pero al final —como ocurre casi siempre a la hora de tomar decisiones—, las emociones hicieron su aparición e inclinaron la balanza. Cuando comparaba la actitud traidora y asesina de Peckmann, con el comportamiento intachable y heroico de los soldados que estaban a su mando en el frente de Ucrania, allá por 1943, la sangre le hervía...

Por ello se puso manos a la obra, como si de una operación militar se tratara, con las ideas sumamente claras sobre el objetivo a perseguir y la estrategia que había que adoptar. Willy era plenamente consciente de que llevar ante los tribunales a un ex capitán de las SS, no iba a ser fácil. «El mapa no es el territorio —pensaba—, seguramente nos encontraremos con todo tipo de dificultades; pero no hay más alternativa que seguir adelante».

La primera acción a emprender era ponerse en contacto con sus antiguos camaradas o, mejor dicho, con los que quedaran vivos. Para ello entendió que lo más práctico era publicar, en varios diarios nacionales, un anuncio que decía así:

«A MIS QUERIDOS CAMARADAS DE LA 150 COMPAÑÍA DE INFANTERÍA DE LA DIVISIÓN nº 4 DE LA WEHRMACHT EN EL FRENTE DE UCRANIA

De Wilhelm Meinhof:

Con el deseo de reencontrarme con todos vosotros, para compartir tantos recuerdos inolvidables, os convoco a la cena que tendrá lugar en el hotel Stackel de Núremberg, el próximo 20 de enero a las veinte horas.

¡Hasta pronto camaradas!

Karlsruhe, 10 de enero de 1952».

En esta etapa inicial, para Meinhof, lo más difícil fue contar a su familia, en especial a su madre y a su hermana, lo que iba a hacer, o más bien, *la que iba a liar*. En la reunión estaba presente su tía Brunhilde, hermana de su padre, junto a su marido Hermann y su primo Gerhardt, con el que se llevaba muy bien. Éste, durante la guerra, había luchado primero en el *Afrikakorps* donde había obtenido sus galones de teniente, y luego en Francia, continuando bajo el mando del general Erwin Rommel, el militar más famoso y más querido en Alemania durante la Segunda Guerra Mundial.

A Frau Meinhof, lo que pretendía su hijo no le hizo ninguna gracia. Como mujer, por naturaleza conservadora, la situación de peligro o, dicho más gráficamente, el *fango* en el que Willy iba a adentrarse no era una buena noticia. Erika, aunque más comedida, tampoco lo veía con buenos ojos.

—¿Pero qué necesidad tienes ahora de más follones? Has salido ya de tres infiernos: la guerra, el cautiverio y el último susto que nos has dado, ¿y ahora quieres meterte en otra historia, sobre unos hechos ocurridos en Rusia?... ¡Deja a la gente en paz con sus errores y su conciencia! Ya no vas a cambiar nada, Willy. Ya no vas a resucitar a los muertos. ¡Piensa en el futuro!, piensa en tu futuro y también en el nuestro —insistía Erika mirándole fijamente a los ojos—. No quiero correr el riesgo de perderte. Papá ya nos dejó y tú eres el único hombre en la familia. ¡Por Dios Willy! ¿Quieres tenernos otra vez con el alma en vilo?, ¿te das cuenta de lo que es no saber durante años si estás vivo o muerto, o temblar, cuando llaman a tu puerta y aparece alguien vestido de uniforme, pensando que te van a dar una mala noticia?

—¿Qué queréis que haga entonces? ¿Qué me quede de brazos cruzados? ¿Que mire hacia otro lado como hicimos durante la época de Hitler? Ahora ya no estamos sometidos a las SS ni a la policía secreta. La situación actual no tiene nada que ver con la de la época Nazi. Entonces, sí había que arriesgar para oponerse al régimen. Si no, que se lo digan a la familia Scholl o a la del conde Klaus von Stauffenberg; a la del *Majorgeneral* Henning von Tresckow o a la del *Generalfeldmarschal* (mariscal) Erwin von Witzleben, y a la de muchos alemanes más. ¡Esos sí que eran unos valientes! Y pagaron su osadía con la muerte. ¡Que se lo digan también a los parientes de los más de seis millones de judíos! ¡Y a los de otros millones de personas que fueron sacrificadas en los campos de exterminio, de la manera más cruel!

«Soy consciente de las dificultades de lo que quiero emprender ahora —continuó solivantado—. Es una pequeña acción con onda expansiva, para que el mundo y Alemania sean mejores. ¡Ojalá cunda el ejemplo! Pero ante todo, es un acto de desagravio y de justicia hacia mis camaradas muertos. Tenían nombres y apellidos, ¿sabéis? Y ahora no han podido celebrar la Navidad con sus seres queridos. Quiero poder mirarme a la cara y que no me persigan mis fantasmas del pasado. ¿Por qué las víctimas han de pagar los pecados de los hijos de puta? ¿Por qué razón han de ser las eternamente olvidadas?

«Por lo demás, me encuentro muy bien. ¡Nunca he estado tan bien! Y me importan un pimiento las consecuencias sociales que esto pueda tener. Si algunos me niegan el saludo, pues que me lo nieguen; es mejor no tener cierta clase de amigos. Estamos hablando de detener a un asesino, un traidor a las tradiciones y valores del ejército alemán; alguien que se ha enriquecido injustamente sobre la sangre de mis valientes soldados... un criminal. Peckmann ha contraído una deuda con todos ellos y yo voy a ser el encargado de cobrarla, y voy a intentarlo con ¡todas mis fuerzas!

—Comprendo tu indignación, hijo —intervino su madre—. Ya sabes que nuestra familia siempre estuvo en contra de la guerra y del terror que impuso Hitler. Dentro de lo que cabe, hemos salido bien parados... después de todo lo que ha pasado. Por eso no quiero que ahora arriesgues tu bienestar, que es también el nuestro. Ya sabes hijo que, en Alemania, las heridas no se han cerrado todavía. La gente no quiere hablar de lo que ocurrió. La mayoría estaban implicados directa o indirectamente con el nacionalsocialismo. ¿Qué niño o niña alemán no era miembro de las *Hitlerjugend*, o del *Bund Deutscher Mädel*? ¿Qué trabajador no formó parte del *Deutsche Arbeitsfront* (Frente Nacional del Trabajo) o de la organización *Kraft durch Freude* (Fuerza por la Alegría)? ¿Cuántos intelectuales, cuantos artistas o gente preeminente no se hicieron de las SS o del Partido Nazi para medrar socialmente? ¿Cuántas empresas, que ahora tienen su dinero en Suiza, no se han enriquecido a costa del régimen? ¿Sabes que el partido llegó a tener más de ocho millones de afiliados?

«¡No seas ingenuo, Willy!—continuó su madre—, prácticamente nadie está a salvo de haber colaborado, de buen grado, por la fuerza o por omisión, con el odioso régimen de Hitler. ¡Nadie quiere remover nada! Además, el sentimiento de culpa hace que muchas personas quieran olvidar; aunque sólo sea para sentirse mejor y a costa de dejar muchos crímenes impunes, como está pasando.

«Y entonces, ¿qué quieres que hagamos? ¿Dices que ya no hay peligro? El otro día han aparecido en la calle, no muy lejos de aquí, varias personas asesinadas. Se trataba de gente normal, como nosotros, testigos que iban a un juicio contra un antiguo jerarca nazi. ¿Es ésa la protección que nos brinda el Estado en estos casos? ¿Qué te parece? ¿Quieres poner en peligro tu vida y la de tu familia? ¡Eres un egoísta!

Era lo que le faltaba ya por oír. Igual que Ilse, cuando despertó del coma, su propia familia le llamaba egoísta pero esta vez, no por perderse y pretender alejarse de la vida, sino por tratar de realizar una buena acción con gran sacrificio. Estaba claro que no querían analizar sus razones, ni ponerse en su lugar. Por su parte, Willy reconocía que los argumentos de su madre eran de peso. Nadie discutía hasta qué punto una gran parte del pueblo alemán había estado de parte de *Hitler*, por el que sentía una devoción casi religiosa, superior a la que profesaban las masas rusas por Stalin.

Conviene no olvidar que en las elecciones legislativas de 5 de marzo de 1933, para conformar el *Reichstag* —Asamblea de Diputados—, más de 17 millones de alemanes manifestaron su adhesión a los parlamentarios del partido nazi, alcanzando casi el 44% de los votos válidos.

**

Al menos inicialmente, la aceptación del nacionalsocialismo en Alemania era un hecho cierto. Lo confirmaban los resultados de los diferentes plebiscitos. Sin embargo, hay que tener en cuenta que, salvo en el de 1935 para la reincorporación del Sarre, no se podía hacer campaña en contra.

El 14 de octubre de 1933, Alemania abandona la Liga de las Naciones y la Conferencia de Desarme. En la consulta popular directa para el refrendo de esta decisión sobre la política exterior del régimen, celebrada el 12 de noviembre del mismo año, se obtiene la confianza del 93,5% de los electores, sobre el total de votos emitidos.

Al año siguiente, el 19 de agosto de 1934, se celebra un nuevo plebiscito. El pueblo alemán debe decidir si se une el cargo de jefe del Estado, ocupado hasta su muerte por Von Hindenburg, con el de jefe de Gobierno, encarnado por el *Führer*. La aceptación de la propuesta se acerca al 90% —un 88% de votos afirmativos—; Hitler acaba de acumular en su persona el poder político más importante.

Este resultado hará exclamar al *Führer*, encantado, que en adelante la lucha consistiría en alcanzar el apoyo del 10% restante.

El 13 de enero de 1935, el referéndum sobre la reincorporación a Alemania de la región del Sarre, bajo administración de la Sociedad de las Naciones por mandato del Tratado de Versalles, obtiene un contundente resultado de 90,73% de los votos emitidos a favor de la reunificación; 8,86% a favor de mantener el *status quo*; y sólo 0,40% a favor de la unión con Francia... En este caso, sí se podía hacer campaña en contra.

Otro ejemplo será, tres años después, el plebiscito sobre la unión de Alemania con Austria, la *Wiedervereinigung* (nueva asociación) donde, el 10 de abril de 1938, la decisión obtendrá una aprobación superior al 98% de los votos emitidos, de nuevo, sin poder hacer campaña en contra.

El grado de aceptación del nacionalsocialismo fue declinando a lo largo de la guerra, en la misma medida que las privaciones y la opresión aumentaban y las atrocidades del régimen se iban conociendo. El desencanto se aceleró con las derrotas militares, en especial con la de Stalingrado, en febrero de 1943, verdadero punto de inflexión de la Segunda Guerra Mundial en Europa. Los reveses militares hacían mella en la *invencible* Wehrmacht y las antaño orgullosas y convencidas familias alemanas... se llenaban de telegramas de pésame. Una de las manifestaciones del cambio de actitud por parte de la población era que el uso del saludo nazi, con el brazo en alto, había disminuido bastante siendo sustituido en muchos casos por *fórmulas más tradicionales*.

Después del conflicto, será preciso iniciar en cada uno de los sectores ocupados un proceso de desnazificación, de descontaminación del nazismo, que finalizará, tras la creación de la República Federal de Alemania en 1949, con la *Entnazifizierungsschlussgesetzt* de 1951 (Ley de cierre final de la Desnazificación).

**

Pero, en 1952, Wilhelm Meinhof consideraba que los temores de su familia eran infundados, pues no se trataba de perseguir a alguien por razones políticas o ideológicas, sino por razones penales y, en último extremo, morales:

«Me cuesta mucho aceptar —reflexionaba— que a los compañeros del ex capitán Peckmann no les quede un poco de sentido de justicia, a pesar de sus prejuicios, de su fuerte sentido de pertenencia al grupo y de su solidaridad interna. No creo que les guste mucho saber que su antiguo camarada de armas ha traicionado a su patria, pactando deliberadamente con el enemigo el ataque contra una compañía del ejército regular; que de ello ha resultado la muerte de muchos soldados alemanes; y que su protegido se ha enriquecido con un oro requisado por la propia organización de las SS».

A pesar de todo, la reunión familiar finalizó en tablas, pues, para sorpresa de Willy, los miembros de su familia paterna, en especial su primo, vieron el asunto de otra manera.

—Yo estoy de acuerdo contigo, Willy— afirmó Gerhard con firmeza—. Sólo me preocupa que no tengas los apoyos necesarios y te acabes quemando. Pero la iniciativa me gusta; no tengo nada que decir en contra. Si tus compañeros van a ir en el mismo tren, ¡adelante!

**

Unos días antes del reencuentro con sus camaradas, Willy viajó a Hamburgo a visitar al cabo Walter y a Ilse, de quien se acordaba cada vez más. «¡Sería maravilloso emparejarme con ella!, se deseó gozoso durante unos instantes, mientras se dirigía a la entrada del hospital de veteranos».

Walter se encontraba ya mucho más repuesto de su tuberculosis. Los antibióticos que le habían administrado, unidos a los cuidados esmerados del personal del hospital y a una alimentación rica en vitaminas, habían producido un efecto muy positivo.

El hecho es que, como luego confirmó a Willy, esperaba poder asistir a la reunión del hotel Stackel. Pero la visita obedecía también a otro motivo: antes de plantear el nuevo objetivo a sus antiguos compañeros de armas, Meinhof quería conocer de primera mano el parecer de Walter y de Ilse.

—No sé hasta qué punto va a prosperar una acción de este tipo, cuando todo el mundo quiere olvidar la guerra y sus crímenes —se preguntó Ilse en voz alta—. Pero a mí, personalmente, no me parece mala idea. Se trata de un ladrón y de un asesino, nada más; no veo por qué hay que eximirle de culpa. En realidad, lo que ha cometido son delitos comunes, valiéndose de sus privilegios de oficial. No se trata de crímenes de guerra; creo que el Código Penal tendrá algo que decir al respecto.

El análisis que acababa de hacer la enfermera, le gustó mucho a Willy que todavía se quedó más prendado de ella.

—¿Y tú qué opinas, Walter?

—Esa pregunta, capitán, a mí no debe hacérmela. Cada vez que pienso en nuestra unidad y en particular en el pobre sargento Funke, con el que me unía una gran amistad, la sangre me hierve. Pero no puedo soliviantarme, es lo que me ha dicho el médico. ¡Adelante, capitán! ¡Acabemos con ese cabrón! Tiene todo mi apoyo, la sociedad nos lo agradecerá y si no, ¡que les zurzan! Nosotros nos quedaremos muy a gusto.

—Gracias, Walter. —Luego, dirigiéndose a los dos les previno muy seriamente, antes de dar por concluida la conversación—: Ya sabéis que hasta las paredes oyen, así que de esto no hay que contar nada a nadie.

La verdad es que Meinhof siempre se había caracterizado por aceptar las misiones más arriesgadas. En los tests que durante la guerra le habían hecho como aspirante a oficial, figuraba entre el 10% de los que tenían menor aversión al peligro. Por eso, cuando había que llevar a cabo alguna misión de especial dificultad, siempre se contaba con él y con algunos de sus soldados. Este rasgo de su carácter, que en determinadas circunstancias podía constituir una ventaja, en otras se revelaba sumamente peligroso y le había causado problemas; pues una acción requiere medios y un esfuerzo sostenido que el entusiasmo voluntarista no puede sustituir.

Ahora, a la justicia objetiva que perseguía, se unía el atractivo del riesgo que conllevaba la operación. Ello le motivaba más si cabe y le hacía sentirse vivo, muy vivo para afrontar el reto que se le venía encima, con un espíritu renovado después de la etapa oscura que había conseguido superar.

***

Ansiado reencuentro

Por fin, el día del reencuentro tan esperado llegó. A medida que Willy se acercaba al lugar de la reunión, los recuerdos de la guerra inundaban su mente y las emociones se apoderaban de él. Habían pasado más de ocho años desde que se separó de sus camaradas, y lo que más deseaba era volver a verles. A pesar de ello, en el último momento llegó a dudar sobre lo acertado de la decisión que había tomado: «quizás sea una mala jugada: mezclar una ocasión para festejar el ansiado reencuentro, con la proposición de embarcarnos en una nueva guerra de porvenir incierto. De todos modos —tranquilizó su conciencia—, en este caso, el fin justifica los medios».

Tras bajarse del tranvía y subir a una gran plaza por una escalinata de pendiente pronunciada, la inmensa mole del hotel Stackel surgió delante de él. Situado en un lugar céntrico de Núremberg, era una de las construcciones que había sufrido menos daños durante la guerra. Ahora, al socaire del renacer económico de Alemania, el hotel se encontraba de nuevo en pleno apogeo. El edificio decimonónico, de estilo neoclásico e imperial, se alzaba imponente frente a un ágora donde dos grandes y bellas fuentes de mármol, rodeadas por arcos de piedra granítica, lanzaban al aire sus potentes chorros de agua.

A su alrededor, acompañados por sus madres, unos niños disfrutaban seguros, corriendo, saltando, jugando... ajenos al pasado y al futuro como saben serlo los infantes. El contraste con el país destruido de hacía siete años era radical. A Willy, la escena le hizo experimentar un sentimiento de honda satisfacción. « ¡Seguros!... esa era la clave —se dijo—, cuando años atrás las ciudades alemanas eran bombardeadas sin piedad por los aliados y nuestros hijos tenían que ser separados de sus familias y evacuados al campo, para no perecer... ¡Qué asco de guerra!».

Con puntualidad germánica, a las ocho de la tarde del 20 de enero de 1952, conforme se había anunciado en el periódico, el antiguo capitán de infantería hacía su entrada en el vestíbulo del establecimiento. Después de atravesar la clásica puerta giratoria, se acercó al mostrador y se identificó.

—Tendrá que esperar un momento, *Herr* Meinhof —le espetó el recepcionista, un hombre de mediana edad y tripa prominente, que vestía un elegante uniforme cuyos vistosos galones dorados parecían más propios de un circo que de un establecimiento hotelero.

—¿Ocurre algo? —preguntó sorprendido.

—Es lo que me han dicho los señores que se encuentran en el restaurante —respondió, el empleado, sonriendo con cara de complicidad. Entonces sonó el teléfono y, después de tomarlo parsimoniosamente y escuchar el mensaje, se dirigió de nuevo al recién llegado—: Capitán Meinhof, ya puede usted pasar.

Pero antes, Willy se acordó de un pequeño (!) detalle y preguntó al orondo recepcionista por los servicios. Cuando entró en uno de los lujosos cuartos de baño del hotel, se situó delante de uno de sus espejos y durante unos segundos, quedó mirándose fijamente, como hipnotizado. Luego extrajo de un bolsillo de su chaqueta un pequeño estuche que abrió con delicadeza. Dentro estaba su insignia preferida, la cruz de hierro de primera clase, que había conservado durante todo el cautiverio y que los rusos le habían respetado, pues con su actitud valiente se había ganado la admiración de sus guardianes. Ante la sorpresa de un señor de avanzada edad, que estaba a su lado lavándose las manos y le observaba con una mezcla de miedo y curiosidad, Willy se puso la medalla, que ese día tenía para él un brillo especial, y se dirigió al desconocido en tono amable:

—¡No se preocupe! ¡No se asuste! Vengo al reencuentro de

mis soldados, al de los pocos que han sobrevivido. Con ellos, con mis queridos camaradas, gané la condecoración y estoy muy orgulloso de ella; en este aspecto, en lo que a mí respecta... créame, no tengo nada de qué arrepentirme.

—Perdone mi sorpresa pero, de repente, aunque ya han pasado algunos años, al ver lo que hacía he vuelto a recordar esa época. Yo perdí a un hijo en la guerra y luego, durante los bombardeos, falleció mi mujer. Mi hermano fue detenido y torturado por la Gestapo. Como comprenderá, cuando veo su medalla, la asocio con unos tiempos que prefiero olvidar.

—Lo siento, no tiene que darme ninguna explicación; pero no debemos confundir las cosas. Yo serví en el ejército, no con las SS. Nunca estuve afiliado al Partido Nazi. El ejército me otorgó esta distinción por acciones de guerra frente al enemigo... y no reniego de ella.

**

Dentro del restaurante, la mayor parte de los 38 super-vivientes de la unidad que mandaba Meinhof, en 1943, esperaban con emoción contenida. Cinco de ellos no habían podido... o no habían querido venir. En este segundo caso se encontraban los que no estuvieron de acuerdo con la rendición; aunque en aquel momento, por disciplina, no fueran capaces de manifestarlo. Hubieran preferido seguir combatiendo, pues para ellos la capitulación frente al enemigo, en cualquier circunstancia, era una deshonra inasumible. Afortunadamente, su ideología extrema no había sido la preponderante. Los demás hombres, que habían demostrado sobradamente su valentía y honor en la guerra, aceptaron la decisión de rendirse. No estaban dispuestos a un sacrificio estéril de vidas, a una acción suicida que no habría conducido a ningún resultado positivo.

Cuando, con paso firme, Willy accedió a la amplia sala reservada del refectorio del hotel, sus antiguos camaradas de armas se hallaban formados delante de una mesa bellamente adornada con centros de flores, y sembrada de grandes jarras de cerveza, todavía vacías, que en Alemania no podían faltar.

—*Zu Befell, Herr Hauptmann!* (¡A sus órdenes mi capitán!). Estamos preparados para que pase revista.

Quien se pronunciaba así era el ex sargento Klaus Zimmermann, el cronista de la compañía, el poeta holandés reconvertido en su día a soldado de la Wehrmacht, y que ahora controlaba a duras penas la conmoción de encontrarse frente a su antiguo y querido capitán.

—¡Buenos días a todos, camaradas! —saludó Willy emocionado. —Luego, dirigiéndose al sargento le preguntó—: ¿Por qué me llama capitán, Klaus? Todo ha pasado ya, la pesadilla ha acabado, aquí no hay grados ni jerarquías; sólo somos personas que hemos compartido los momentos más intensos de nuestras vidas.

—Ha sido una decisión unánime —declaró Zimmermann con firmeza—. Hemos considerado que lo más apropiado era dirigirnos a usted de este modo; así que ya lo sabe, ¡capitán!

Acto seguido, el sargento, como si se encontrase en la explanada de un cuartel, invitó al antiguo oficial de la Wehrmacht a pasar revista a sus soldados.

— ¡Mi capitán!, los hombres están formados.

— ¡Gracias, sargento! —respondió Willy orgulloso. —Luego se detuvo frente a cada uno de los presentes que se cuadraron y saludaron marcialmente.

— ¡Bukovsky!

—*¡Jawohl, Herr Hauptmann!* (Sí, mi capitán).

—Le veo muy bien, un poco gordo quizás; la buena vida, ¿no es verdad?

—Tengo que confesarle que trabajo como cocinero en un conocido restaurante de Hamburgo, ya sabe de mi querencia por los alimentos. ¡Acuérdese de las gallinas!

— ¡Cómo no voy a acordarme!, fue el mejor caldo que jamás haya tomado. Cada cucharada estaba llena de esperanza, aunque luego se truncara. Bukovsky, no sabes cuánto me alegro de verte, y que sigas vivo. Ahora ya no perderemos el contacto; te lo prometo, querido camarada.

— ¡Siempre a sus órdenes, capitán!

— ¡Waldemar! ¿Tú por aquí? Creía que después de lo de las bayonetas en Rusia, ya no querías nada conmigo.

—Capitán, permítame que le diga que siempre ha sido un honor luchar a sus órdenes; menos mal que no me hizo caso.

—Por cierto, Waldemar, ¿cómo ha encontrado a su familia?

—Bueno, tuve que preguntar, pues no se hallaban en nuestra antigua casa, luego cogí el tren y luego la bicicleta...

—Usted siempre igual, Waldemar —le interrumpió Willy con indulgencia—. No me refiero a eso, le pregunto por cómo están de salud y de ánimos.

— ¡Ah, bueno! Bien, muy bien, gracias.

— ¡Cabo Walter! Usted y yo ya nos hemos visto antes, pero ahora parece estar mucho mejor. ¿Está curado de su tuberculosis?

—Completamente, mi capitán. El tratamiento ha sido un éxito; en breve me reincorporaré a mi nuevo trabajo en el Deutsche Bank.

—Muy bien, Walter, así me gusta. Pero no falsifique billetes; ya sabe lo que pasa luego.

Así, uno a uno, y de manera muy militar aunque distendida y humorística, el capitán Meinhof fue saludando a sus antiguos compañeros de armas. Finalizada la *revista*, se volvió hacia el antaño sargento mayor Klaus Zimmermann. Willy siempre había sentido gran debilidad por el suboficial, aunque, muy profesionalmente, lo había disimulado bastante frente a la tropa. Consideraba que la igualdad de trato era un principio fundamental de mando, que evitaba habladurías, hacía sentirse valorados a los soldados y contribuía a que los hombres formaran un mejor equipo. Pero ahora, ya no tenía nada que disimular.

— ¡Mi querido Zimmermann! —exclamó abrazándole con fuerza—. No puedes imaginar cuánto te he echado de menos. Han sido más de ocho años sin volvernos a ver.

—En efecto, capitán, ocho años... de los cuales, cinco asquerosos los he pasado en el cautiverio.

—Pero estamos vivos, Klaus. ¡Riámonos ahora de las penas! No dejemos que se apoderen de nosotros y nos agüen la fiesta. ¿Ha escrito durante ese tiempo?

—Sí, voy a publicar en breve un libro con poesías y relatos de Rusia, y también de la guerra. Capitán, espero que me haga el honor de venir a la presentación, le reservaré un lugar destacado. Usted sale bien parado en mis libros. Hay uniones que no se borran en toda la vida; como la de los soldados que, luchando y penando juntos, se han ayudado bajo el fuego enemigo.

—No le quepa la menor duda, Klaus; la guerra nos iguala a todos. Allí no teníamos bienes con qué impresionar. Tampoco nos refugiábamos detrás de una máscara, al menos la gran mayoría. Simplemente ejercíamos nuestras funciones con responsabilidad, nos valorábamos por lo que hacíamos y por cómo lo hacíamos, no por lo que aparentábamos; y sobre todo nos unía la camaradería, todos éramos para uno y uno para todos.

—Así es, mi capitán. Hemos aprendido mucho con usted y le estamos muy agradecidos.

— ¿Sabe, querido amigo?, de lo que más me enorgullezco es de no haber dejado abandonado a ninguno de los nuestros en el campo de batalla; aunque eso pudiera costarnos la vida. ¡Cuente pues con mi asistencia a su presentación! Por cierto, cambiando de tema, ¿cómo están su mujer y las niñas?

—Bien gracias, aunque me he divorciado —respondió el sargento con un cambio patente en su semblante—. Son cosas que pasan.

— ¡Ah, bribón!... ¡Joven, agraciado y soltero! ¿Quién da más? —preguntó en voz alta y en tono jocoso, mirando a todos y tratando de quitar un poco de hierro al asunto.

—Capitán, es usted un poco cabroncete —le cortó el sargento en tono serio—. Se olvida de la pensión de manutención que tengo que pasar a mis dos hijas, y de que mi ex mujer y ellas se han quedado a vivir en mi casa. Veo poco a mis hijas. Eso no es tan gracioso, se lo puedo asegurar.

— ¡Perdóneme, Klaus! Entonces, ¡está usted jodido! —exclamó el capitán y ambos soldados rompieron a reírse a carcajadas con los demás camaradas que habían escuchado la conversación.

—Por cierto, no veo al soldado Hans Witzke. ¿Qué ha sido de él? —inquirió Willy, que quería prodigar a aquél un fuerte abrazo—. Jamás podré olvidar cuánto se arriesgó por todos nosotros cuando tuvo que ir al *Oberkommando* para comunicar nuestra situación.

—Lamento decirle que nuestro querido Hans, aunque parezca mentira, no pudo superar el cautiverio —respondió Klaus con gravedad—. Después de separarnos del cabo Walter y de otros soldados de la compañía, nos llevaron a otro asqueroso campo de prisioneros, donde las condiciones eran aún peores que en el primero. Usted sabe lo amante que era Hans de su libertad, de los animales, de la naturaleza. Allí se encontraba como pájaro enjaulado. Además, había tenido que abandonar a su novia rusa en el campo anterior. Con su buena fe, trató de llevarse bien con los rusos, pero en nuestra nueva *residencia permanente,* las autoridades soviéticas eran terribles y Hans iba de tropiezo en tropiezo; hasta que ya no pudo más y estalló. Un día, cuando salíamos al patio, se cruzó con nosotros, nos sonrió, nos llamó amigos... y nos dijo adiós. Luego se precipitó, con todas sus fuerzas, contra la alambrada electrificada donde murió al instante. Fue imposible evitarlo... nos cogió a todos por sorpresa.

—No sabe cuánto lo siento. Siempre hay algo que tiene que empañar y agriar la alegría del momento. ¿Quién se lo iba a imaginar?, el más resistente, el más colaborador de todos, siempre dispuesto a ayudar, a hacer un favor; pero hay que sobreponerse. Tengo que escribir a los padres de Hans y de los demás que han muerto. Sus familiares deben saber cuánto se les apreciaba y lo valientes que eran; es lo menos que puedo hacer por ellos.

A continuación, el capitán sacó un sobre del bolsillo derecho de su chaqueta. Contenía una hoja de papel que desdobló muy cuidadosamente, como si se tratase de algún objeto sagrado o tuviera una reliquia en sus manos. Después de fijar su mirada durante unos segundos en cada uno los presentes, Willy se dirigió a todos con la voz entrecortada por la emoción, mientras sus ojos se empañaban de lágrimas que se resistía a derramar:

—Ahora, voy a dar lectura a la lista de los que formábamos parte de la compañía, ese fatídico 17 de octubre de 1943. Los que estáis aquí, simplemente diréis: *presente*. Sobre los caídos, quiero que alguno o algunos de vosotros, los que os hayáis sentido más próximos, pronunciéis unas palabras que nos ayuden a recordarles durante unos segundos; hoy están en espíritu con nosotros. Si se trata de alguien que vive y que no ha venido, simplemente guardaremos silencio. Son sólo unos pocos, y alguno no está aquí porque realmente le era imposible. Sobre los demás, aunque no nos guste ni lo compartamos, tenemos que respetar su decisión.

La lectura de los nombres fue larga y emotiva. Muchos de los caídos eran muy recordados y queridos. La compañía formaba una gran comunidad donde había de todo: ricos y pobres, obreros y empleados, mineros y universitarios, adictos al régimen y desafectos; pero eso daba ahora igual. Nadie era indiferente y ello se podía apreciar en las lágrimas que derramaban, y en las frases que los vivos dedicaban ahora a unos muertos que, en ese momento, parecían estar realmente presentes.

Finalizada la lectura, el capitán empezó a entonar la canción del soldado *Ich hatte einen Kameraden* —Yo tenía un camarada— y todos le siguieron:

Ich hatte einen kameraden

Einen besten findest du nicht...

(Yo tenía un camarada

Entre todos, el mejor...)

Luego, dio una orden en voz alta: « ¡Señores!, ¡rompan filas!, ¡ocupen sus puestos en la mesa!».

Acto seguido, escanciada la cerveza con abundancia por los meseros que habían esperado impacientes el final de los discursos para entrar en el reservado, Willy ordenó silencio y pidió un brindis:

«Levantemos ahora nuestras jarras de cerveza y brindemos en honor de Funke, de Hans Witzke, de Robert, Joachim, Stephan, y de todos y cada uno de los camaradas que no están aquí porque lucharon y murieron bravamente en el frente de Rusia. ¡Nunca tuve mejores soldados!, ¡por ellos!, ¡por vosotros!, ¡por la compañía 150! ¡Por Alemania!, ¡¡¡*Prost*!!!».

**

En el transcurso de la cena, que duró varios horas, a los antiguos compañeros de armas les faltó tiempo para contarse lo que estaban haciendo y lo que había sido de sus vidas. A los postres, llegó el momento de abordar el segundo tema espinoso y oculto que había motivado también la reunión. Willy pidió de nuevo silencio:

—Os tengo que hablar ahora de la segunda razón de nuestro reencuentro. Es un tema... muy desagradable, que sólo Klaus, Walter, Bukovsky y yo mismo conocíamos —declaró Willy mirando con gravedad a los aludidos—. Acordamos guardar silencio, hasta que de vuelta en Alemania, yo o en su caso Klaus os lo reveláramos. Pues bien, queridos compañeros, la hora ya ha llegado; ¡Klaus!, ¡Walter!, ¡Bukovsky! En este acto quedáis relevados de vuestro juramento».

Luego, dirigiéndose a todos, continuó:

—Tengo que confesaros que el ataque ruso a nuestra compañía, en octubre de 1943, tuvo lugar por una traición.

Al pronunciar estas terribles palabras, se hizo un silencio de muerte. Transcurridos unos segundos, reanudó su discurso:

—Os parecerá increíble, pero quien era capitán de las Waffen SS, el *Hauptsturmführer* Kurt Peckmann, cuya actuación ignominiosa durante los ataques ya conocéis, nos vendió al enemigo. Dio la casualidad que el día de la rendición, Hans iba en uno de los camiones rusos, sentado frente a mí y al lado de la cabina del conductor. En ella se encontraban Peckmann y el coronel Yuri Vasiliev. Nuestro añorado camarada me transmitió la conversación que acababa de escuchar a través de la ventanilla semiabierta que comunicaba con la cabina y que yo abrí un poco más, sin que los rusos y Peckmann se diesen cuenta. Ahora puedo confesaros que los abuelos de Hans, por parte de su madre, eran rusos. Ésta había tenido buen cuidado de que su hijo no sólo no perdiera, sino que llegara a dominar el idioma de sus antepasados.

«Pues bien —continuó Willy—, según el relato de Hans, el oficial soviético se alegraba del éxito de la operación conforme a lo previsto. Hablaba de llevar al SS a Moscú y entregarle allí unas cajas de oro como parte del botín y en pago de sus *servicios*. Añadió que, por el momento, era necesario internarle provisionalmente en un campo de prisioneros de *régimen suave*.

«Ésas fueron las palabras del coronel Vasiliev. Peckman, por su parte, se quejó de nuestra obstinada resistencia, que podía haber truncado toda la operación. Nos tildó de locos, y añadió que no le importaba esperar ahora; pues pronto acabaría la guerra y estaría de vuelta en Alemania.

«Todos sabemos, camaradas, que desgraciadamente, en los dos ataques que tuvieron lugar, muchos soldados que integraban nuestra compañía murieron. Además, según me habéis informado, hemos perdido a otros compañeros entre los heridos y los que no pudieron soportar el cautiverio. No tengo palabras para expresar mi indignación... nuestra indignación.

«La verdad —continuó Willy— es que los hechos encajan. El capitán de las Waffen SS nunca estuvo conmigo en el campo de concentración de Krasnogorsk, reservado a los oficiales. Todo parece indicar que, efectivamente, los soviéticos le dieron un trato preferente y que, presumiblemente, cobraría su oro en Moscú, el precio de su traición.

A los asistentes, que en su mayoría no sabían nada, la expresión de la cara les cambió de repente. Algunos, como el cabo Tomas Schulze, muy amigo del sargento Funke, se levantaron violentamente de sus asientos prorrumpiendo en insultos contra el traidor. Cuando los ánimos, muy exaltados, se calmaron un poco, el capitán Meinhof pudo continuar con su relato:

—Os preguntaréis: ¿cómo es posible que el oficial de las SS se confabulara con los rusos? ¿Cómo pudo desvelarles la situación de las 25 cajas de lingotes de oro y planificar el ataque a nuestra posición antes de que vinieran a rescatarnos? He aquí la respuesta: antes de ser trasladado al campo de prisioneros de Basianovsky, Hans me contó —también a Klaus, a Walter y a Bukovsky— un detalle muy revelador. El dieciséis de octubre de 1943, horas antes de volver con Peckmann a nuestra posición, portando las órdenes del Cuartel General; nuestro malogrado camarada presenció cómo el oficial SS, que era intérprete y traductor de ruso, trasladaba en moto hacia el cuartel general, a un teniente coronel soviético que sus hombres acababan de hacer prisionero durante una escaramuza con el enemigo.

«*A priori*, Hans no dio al asunto mayor importancia, pero después de escuchar la conversación en el camión, cayó en la cuenta de que el plan debía de haberlo urdido el SS con el oficial ruso que iba con él en la moto. Casi con toda seguridad, llegarían a algún acuerdo y se trasladarían a las líneas enemigas, que estaban bastante próximas, para acabar de fraguarlo todo. Ese día además, el capitán Peckmann tardó mucho en regresar. Desde que salió de la granja, antes del mediodía, hasta que volvió, habían transcurrido más de siete horas, tiempo suficiente para ofrecer su valiosa información y sus servicios a los rusos, que estarían encantados de recibir el maná bajo forma de lingotes de oro, y cocinar su traición.

«Esto es lo que ocurrió. Como ya os he dicho antes, Zimmerman, Walter, Bukovsky y yo, somos testigos de lo que nos contó nuestro querido Hans.

En este momento, Willy interrumpió su discurso, pues se le había hecho un nudo en la garganta; luego, tragando saliva y a duras penas, concluyó:

—Lamentablemente, él no ha sobrevivido. Compañeros creo que ya ha llegado el momento de actuar. Con vuestra ayuda y suponiendo que esté vivo, mi propósito es llevar al ex capitán de las Waffen SS, Kurt Peckmann, ante los tribunales, para que pague sus culpas.

«Ahora deseo que, los que queráis, emitáis libre y sinceramente vuestra opinión. Éste es nuestro primer trabajo, y no debéis sentir ningún apuro... de verdad. El tema es lo suficientemente grave como para no andarse con tonterías. Ya conocéis mis intenciones, ¡hablad ahora vosotros!

El primero en intervenir fue Thomas Schulze. Junto con Klaus Zimmerman y Gerald Funke, él era en Ucrania el suboficial en quien el capitán Meinhof se apoyaba más a la hora de planificar y ejecutar las operaciones militares. Sobre Thomas, no se sabía mucho. Persona muy discreta y reservada, en aquel entonces se rumoreaba que era muy adicto al régimen e incluso miembro del Partido Nazi; nada extraño cuando sus afiliados, voluntarios o por obligación, se contaban por millones, más de 8 al final de la guerra, en 1945.

El *Feldwebel* se había incorporado a la compañía un año antes del último ataque de los rusos. Lo cierto es que, dejando al margen consideraciones políticas, se trataba de un soldado muy eficiente y en quien se podía confiar. Cuando Schulze estaba presente, los demás soldados evitaban criticar al *Führer* o platicar mal del régimen, porque a él no le gustaba y lo decía abiertamente; aunque nunca había elevado ninguna queja oficial, pues en el fondo anteponía el compañerismo a sus propias convicciones políticas.

Después del desastre de Stalingrado, Thomas optó por hacer oídos sordos a las críticas contra Hitler. Probablemente, ya en aquel entonces, en su fuero interno se estaba desarrollando una enconada lucha entre el sectarismo ideológico y una realidad decepcionante donde veía cómo se cometían muchos abusos y crímenes, sobre los que ya prefería no pronunciarse. En los meses anteriores a ser hecho prisionero, el sargento se centró en la buena marcha de la compañía, mejorando así sus relaciones personales con el capitán Peckmann.

—Capitán, compañeros, eso que se nos ha desvelado hoy es

muy grave —afirmó, Thomas, rotundo—. Casi ha sido una buena idea no haberlo sabido antes, pues no habría ayudado al cautiverio, sino todo lo contrario. Sólo tengo palabras para expresar mi mayor indignación. Es una puñalada trapera, asestada con premeditación y alevosía. Yo venía aquí a reunirme con vosotros para recordar, añorar y también disfrutar, pero no me voy con buen sabor de boca. Ahora, ya no podré vivir tranquilo. ¡No podemos quedarnos de brazos cruzados! ¡Tenemos que hacer algo!

—Con su permiso, capitán, hemos de ser muy cautelosos —expresó por su parte Walter Schumacher—. Si lo que pretendemos es denunciar al capitán Peckmann, tenemos que sopesar muy bien los pros y los contras. La mayor parte de nosotros ya estamos casados y con hijos. Además, a nuestras mujeres no les va a hacer ninguna gracia que nos metamos de nuevo en problemas. Con esto no quiero adelantar nada; simplemente pienso que, antes de tomar una decisión, debemos madurarla bien y medir sus consecuencias.

—Capitán, la vida no es color de rosa, a menudo nos sitúa en encrucijadas y tenemos que seguir y tomar decisiones, a veces, agrias y difíciles —expuso Zimmermann al llegar su turno—. No podemos quedarnos parados, ¡ni mirar para otro lado! Así, dejando pasar el tiempo, los problemas se enquistan todavía más y aunque, durante una temporada, disfrutemos con el olvido; luego la cruda realidad ya se encarga de cobrarnos con creces esos placeres. Con ello quiero decirle, quiero deciros amigos, que olvidándonos del tema lo que conseguiremos es tener una rata que nos va a ir devorando lentamente las tripas de la conciencia, hasta que ya no quede nada.

«Yo tengo hijas —prosiguió—. Si flaqueo ahora ¿Qué ejemplo voy a darles? Pero pienso también en mí. No voy a plegarme y permitir que ese asqueroso SS escupa sobre nosotros y se beneficie el resto de su vida de un dinero manchado de sangre. Lo ha robado, traicionando y provocando la muerte de nuestros camaradas y un tremendo sufrimiento, a veces insuperable, de sus familias y de los que hemos sobrevivido a la guerra.

Luego, sucesivamente, el resto de los presentes tomó la palabra. Algunos, los menos, timoratos o excesivamente prudentes, plantearon dejar el asunto como estaba y no meterse en problemas, aunque con diversos matices. Dentro de esta tendencia, el ex cabo Rudolf Meier, empleado en unos grandes almacenes de Stuttgart, era el más entusiasta:

—Yo estoy con Walter Schumacher —afirmó con aires de convicción—. Debemos tener en cuenta que las SS han cometido muchos crímenes y algunos de sus miembros están ahora en la clandestinidad. Yo no sé si es cierto... pero se rumorea que existe ODESSA (*Organisation der ehemaligen SS Angehörigen*), esa Organización de los Antiguos Miembros de las SS, aunque no quisiera experimentarlo... la verdad. Me siento muy apenado por lo que ocurrió, yo también he sufrido lo indecible ¡Todos hemos sufrido! Y muchos se han dejado la piel; pero ahora debemos mirar al futuro y pensar en nosotros, en nuestras familias, en nuestros hijos. Éste debe ser nuestro principal objetivo.

Rudolf Meier era un berlinés, parlanchín y guasón, cuyas actividades antes de tomar parte en la guerra no eran muy conocidas. Lo único que se sabía es que tenía dos hijos de una mujer que había abandonado y con quien prácticamente no tenía contacto.

Alto, guapo y aparentemente muy simpático, era de ese tipo de personas que caen bien a primera vista, aunque luego, cuando se profundiza en ellas, no hay más que buenas palabras, *cáscara*; pues sólo se ocupan de sí mismos, practicando hábilmente el engaño a los demás. A Rudolf, lo que le gustaba en particular, su gran especialidad, era hacer alarde de sus conquistas femeninas ficticias o verdaderas.

La pretendida preocupación del ex cabo por la vida de sus compañeros y de sus familias no era, en consecuencia, nada inesperado para Willy y el resto de los presentes, en particular para Walter, al que había invocado y con quien había osado compararse.

Si éste exteriorizaba una sincera preocupación y sobre todo pedía prudencia antes de tomar una decisión, lo que encubrían las palabras de Meier no tenía nada que ver con esa actitud. Una reiterada aversión al riesgo, o dicho de manera más gráfica, una tendencia casi enfermiza a escurrir el bulto había caracterizado siempre su conducta durante la guerra. Rudolf Meier era muy hábil buscando todo tipo de excusas y de subterfugios para evitar formar parte de las patrullas, o para eludir cualquier situación embarazosa que le obligase a arriesgar más de lo mínimamente necesario.

El capitán lo sabía y prácticamente le ignoraba a la hora de tomar decisiones; pues conocía de antemano lo que iba a decir y su escasa predisposición a cualquier sacrificio por la compañía. Realmente, a Willy y al resto de los presentes no les agradaba mucho su presencia en la reunión; sus palabras sonaron pues, huecas, carentes de emoción y, sobre todo, de sinceridad.

Finalmente tuvo lugar la última intervención.

—Capitán, ¿me permite tomar la palabra? —preguntó Bukovsky.

—Por supuesto, Albert.

—Antes de nada, permítame que le diga que para mí, para nosotros, usted siempre será nuestro capitán, no por su rango, sino por su autoridad bien ganada, y por el sincero aprecio que le tenemos. Como usted ha comentado, yo ya sabía lo de la traición de Peckmann. He estado dando vueltas a este tema durante todos estos años, y estos últimos días... con más intensidad.

« ¿Os acordáis cuando ocupábamos Polonia en septiembre de 1939? Entonces, nuestras tropas eran victoriosas; no había nada que se nos opusiera. Incluso Hitler, ¿por qué no admitirlo?, nos caía bien a la gran mayoría de nosotros. Nos sentíamos orgullosos de ser alemanes, de pertenecer a una nación que era capaz de doblegar a otras en brevísimo tiempo y con muy poco coste en vidas humanas.

«Después de Polonia vino Dinamarca, luego Noruega, y finalmente la invasión de Belgica, Holanda y Francia, en mayo de 1940. En menos de un mes y medio de combate, conquistamos el país galo, uno de los más importantes de Europa. Se puede decir que estábamos endiosados, emborrachados de éxito, ¡pletóricos de satisfacción!; y no veíamos más allá de nuestras narices.

«A menudo, el sargento Funke y yo, fuera del trato oficial, teníamos largas conversaciones sobre la situación en Alemania. Gerald tenía la mente muy abierta. Ya sabéis que era radio-aficionado y que uno de sus objetivos era estudiar ingeniería electrónica. Yo le conocía desde antes de la guerra. Todos los años venía con sus padres y sus dos hermanos pequeños al *Bodensee* (el lago Constanza situado en el sur de Alemania), a pasar unos días en una residencia de vacaciones donde yo también veraneaba con mi familia. Su contradicción venía provocada por su sentido de la disciplina, pues siendo contrario a la entrada de Alemania en guerra y a la ambición desmedida de Hitler, que él ya intuía, me confesó que si le llamaban a filas, cumpliría fielmente con su deber.

«Cuando se incorporó a nuestra compañía —continuó exponiendo—, me llevé una sorpresa muy agradable, pues conocía su compañerismo, sus habilidades, su predisposición a ayudar y su determinación en las situaciones más delicadas. Como todos pudimos experimentar durante la guerra, él era capaz de sacar lo mejor de sí mismo, con una actitud temeraria que nos asombraba. Funke era así, siempre dispuesto a darse a los demás, siempre el primero en combate. Era un excelente compañero; ¡Ojalá él, Hans y todos los demás se hubiesen salvado y estuviesen hoy aquí con nosotros!

«Capitán —concluyó Bukovsky—, mientras no me quite esta espina, no podré mirar, a la cara, a los hermanos y a los padres de Gerald, y me sentiré muy mal cuando piense en los soldados que han muerto por culpa de ese traidor de Peckmann, y en sus familias. ¡Quiero vengar su muerte!, ¡quiero estar a la altura de

43

nuestros camaradas!, ¡se lo debo! ¡Se lo debemos todos!

—Ya sabía, Bukovsky, que no me ibas a defraudar, que podía contar contigo; me parece que me vas a ver por el *Bodensee*.

—Será un honor para mí, capitán. Simplemente he dicho lo que siento. Yo no soy de grandes filosofías; lo que ha hecho Kurt Peckmann es una canallada, se mire por donde se mire. Me importan un pimiento sus compañeros SS que además, dicho sea de paso, no creo que hagan nada por ayudarle cuando se demuestre lo que ocurrió, cuando conozcan la verdad.

Finalizadas las intervenciones, Willy Meinhof tomó la palabra:

— Habéis expresado lo que pensáis, en libertad, como debe ser. Una vez más, no me habéis defraudado, y no quiero que lo que voy a decir aquí se considere como desautorización de algunas de vuestras intervenciones. Cada uno de vosotros me habéis demostrado que erais unos bravos soldados, no tengo queja a este respecto. Lo que os pido ahora es un servicio extraordinario. Yo ya he tomado mi decisión y voy a llevarla hasta el final, pese a quien le pese.

«En la actual República Federal de Alemania, no hay pena capital. Se podrá estar o no de acuerdo, eso lo dejo a vuestra conciencia. Lo cierto es que ya ha habido demasiada muerte en nuestra querida Patria. No conseguiremos que ejecuten a ese traidor, como se merece, pero sí podemos meterle en la cárcel de por vida o con una larga condena; para que se pudra en una celda austera y tenga tiempo de pensar en todo el daño que ha hecho a tantos hombres, a tantas familias, a tantas viudas y huérfanos.

«Camaradas —prosiguió—, yo no voy a cejar en el empeño hasta ver al ex capitán de las SS Kurt Peckmann entre rejas. Pero, dicho ello, no quiero que os sintáis coaccionados. ¡Madurad bien vuestra decisión! ¡No decidáis nada ahora para quedar bien! Los que queráis tomar parte en la operación os ponéis en contacto conmigo, en el teléfono que voy a daros. Creo que cinco días serán suficientes para que lo consultéis con la almohada y, los que estáis casados, con vuestras mujeres. Estas cosas no se pueden ocultar. Si vuestras familias están radicalmente en contra, sé que va a ser complicado contar con vuestro apoyo; aunque creo también que la decisión es fundamentalmente individual y de conciencia. Pensad que, a la larga, nos hará a todos mucho bien hacer algo justo y necesario por nuestros camaradas muertos.

«Una vez que sepa con quién cuento —concluyó Willy—, organizaremos el operativo; como si se tratase de una misión de guerra. Lo primero que haremos será averiguar si el pájaro está vivo y goza de buena salud. Pero ahora, ¡divirtámonos!, ¡brindemos de nuevo! Que se nos quite el mal sabor de boca que nos ha dejado ese traidor.

Unas horas después finalizó la reunión que, en principio, sólo iba a ser un emotivo reencuentro. Los días siguientes, Willy fue recibiendo las llamadas de sus antiguos soldados y el balance fue netamente positivo. A pesar de las reticencias que algunos habían manifestado, de los 33 asistentes que habían acudido a la convocatoria, sólo unos pocos, entre los que se encontraba Rudolf Meier, chaquetearon a la hora de ponerse a las órdenes de su ex capitán. Tres de los que no habían asistido se unieron también a la iniciativa.

Lo que prevaleció al final fue la *Kameradschaft* —el espíritu de la camaradería— y el sentido del honor, los principales valores que Willy Meinhof había inculcado a sus hombres durante la guerra.

Ahora, casi nueve años después, recogía sus frutos.

***

Agrios recuerdos

A Edith y a su hija Erika, la decisión que habían tomado los supervivientes de la compañía no les hizo ninguna gracia, en realidad les cayó como un jarro de agua helada; pero a pesar de todo, ante la determinación inquebrantable de Willy, acabaron por dar su brazo a torcer.

—Hemos tratado de convencerte para que dejaras las cosas como están, pero respetamos tu decisión y te vamos a apoyar; así que ya no te criticaremos más. Sólo deseo que todo salga bien, por tu bien y también por el nuestro, y que tengas mucho cuidado —imploraba Frau Meinhof a su hijo.

—No te preocupes, madre. Estoy muy bien rodeado. Además, tu sabes que mi padre me habría apoyado, ¿o no? Él siempre ensalzó la camaradería como uno de los valores principales del ejército. Es verdad que podemos equivocarnos, el tiempo nos lo dirá; pero en estos momentos y pensando también en el futuro, creo que hemos hecho lo correcto. Mirar para otro lado, aunque es muy cómodo y fácil, después no lo sería tanto y nos remordería la conciencia.

Luego le llegó el turno a Erika, su querida hermana:

—Willy, estos días me han venido ¡tantas cosas a la mente! En especial he recordado mucho a la familia Goldenberg, mi familia de París, mi segunda familia con Tante Elsa. Creo que tienes razón: a los Goldenberg les gustaría lo que estás haciendo.

Luego, abriendo mucho los ojos, añadió:

—Os lo podréis creer o no, pero he soñado hace unas noches con un niño, era David, mi niño, y me sonreía. ¡No os podéis imaginar cómo me sonreía! Yo le sentía; pero no podía tenerle en mis brazos. He creído interpretar esa sonrisa maravillosa como de ánimo; ¡Erika, apoya a tu hermano! —parecía decirme—. Sólo me asalta la angustia de que te pueda pasar algo. En mi vida he perdido ya a demasiadas personas, ¡tan queridas!, ¡prométeme que tendrás mucho cuidado, Willy!, ¡prométemelo!

— ¡Te lo prometo Erika! Papá no permitiría que fuese de otra manera. —Ambos se fundieron entonces en un abrazo muy fuerte, al que también se unió su madre; haciendo que Willy, con un nudo en la garganta, tuviera que abandonar rápidamente la habitación, pues no quería que le viesen llorar.

A Ilse, también le comunicó su decisión, primero por teléfono, y luego con ocasión de uno de sus viajes a Hamburgo. Necesitaba confiar en alguien; platicar y que le comprendieran, aunque llevaran poco tiempo saliendo juntos. La claridad de ideas de la enfermera y su sólido carácter, unidos a un atractivo físico indudable, habían hecho mella en Willy que, sin embargo, quería andarse con pies de plomo y no precipitarse en esta relación. «En cualquier caso —pensó, tratando de autoconvencerse—, estas cosas son un juego de niños al lado de la vida en las trincheras, al lado de jugarse el pellejo cada dos por tres».

La guerra, el cautiverio, y su última etapa de postración física y mental, le habían hecho madurar mucho. Ya no era aquel estudiante de Derecho que se iba a comer el mundo y convertirse en la sensación del foro. El conflicto bélico truncó sus expectativas, pero en contrapartida aprendió mucho de los hombres, de sus debilidades, de cómo motivarles en los momentos de peligro y de desesperanza. Willy había desarrollado hasta límites insospechados el espíritu de equipo y su aspecto más importante: la consideración de la persona y su capacidad de aportar ideas al conjunto de la organización. A costa de muchos dolores de cabeza, de escuchar mucho con empatía y dar la cara; se había granjeado la confianza de sus soldados. Una confianza, a veces ciega, en las decisiones más delicadas que había tenido que tomar. El sentirse apreciado y valorado le había confirmado en su estilo de mando. El premio era el mejor, el que no se valora económicamente: el orgullo y la satisfacción que sentía por unos hombres, ahora sin dependencia jerárquica, que estaban dispuestos a prestarle de nuevo su apoyo.

—Debes de sentirte muy satisfecho, Willy —le reconoció Ilse cuando éste le confesó lo que proyectaba hacer—. Me gusta lo que pretendes, pero no te hagas ilusiones con los resultados; así la decepción será menor si las cosas al final no salen como quieres. De hecho, nunca salen como uno desea. La realidad tiene mil matices, al cual más sorprendente, y cuando piensas que una cosa va a salir por un lado, sale por otro, por algún hueco que no te podías ni imaginar o pura y simplemente... no sale.

—Estoy de acuerdo, Ilse, pero la primera condición para que una empresa tenga éxito es creer en ella. Si no nos ilusionamos y motivamos al principio, saldremos a la arena del mundo con nuestras capacidades mermadas. Además, es inevitable que algo salga mal, en particular cuando el resultado depende de tantos factores y personas. Pero, ¡no somos máquinas! ¡No somos psicópatas! Esas tonterías que dicen algunos como: «¡tienes que ser frío!», «¡debes actuar sin sentimientos y sin emociones!», es porque son insensibles y los demás les importan un comino, porque no se han analizado, o porque no han vivido lo suficiente ni se han visto en circunstancias extremas.

«Al final, lo que prima y desencadena la acción es la emoción —continuó—. ¡En todo hay emoción! Por supuesto, una vez iniciado el proceso hay que embridar al caballo y sujetarle para que no se desboque y nos derribe. De hecho, lo verdaderamente difícil es controlar nuestras emociones, quien lo consigue se acerca a Dios; pues yendo todavía más allá del mero conocimiento de uno mismo... se conquista, como sostuvo el sabio Lao Tsé en el *Tao Te King*.

—Visto así, tienes razón, pero es conveniente que tú y tus camaradas penséis en lo que puede salir mal; para estar prevenidos y evitarlo, o al menos, reducir sus efectos negativos.

—Por supuesto, y siempre tiene que haber alguien, un *bufón* que nos recuerde que somos mortales, que somos humanos y cometemos muchos errores. Ahora, una vez tomada la decisión, vamos a dar el siguiente paso. Consistirá en preparar bien las, llamémoslas, *intervenciones*. En la próxima reunión, nos repartiremos los papeles, pero primero hay que localizar a ese bribón.

—Ojalá tengáis éxito, Willy, pero ante todo espero que nadie salga trasquilado.

—Cambiando de tema, Ilse... ¿Qué te parece si nos vamos al baile esta noche? —le preguntó Willy un tanto nervioso—. Era sábado y la enfermera tenía el día de asueto.

—No sé qué decirte —contestó ella, con fingida cara de sorpresa, pues en el fondo le encantaba la proposición—, hoy había quedado con dos antiguas amigas que estaban conmigo en la organización femenina durante la guerra; pero si quieres, puedes venir con nosotras. —A Willy la idea no le hizo mucha gracia, pero no tuvo más remedio que claudicar y adaptarse.

—Bueno, ya sabes que mañana regreso a Karlsruhe —dijo en un tono de cierta decepción—, pero me apunto a lo que hagáis. Además —añadió con rubor—, me apetece estar contigo.

**

A eso de las cuatro y media de la tarde, cuando apenas empezaba a anochecer, Willy se encontró con Ilse y sus dos amigas en una cafetería que daba al *Stadtpark* —el Parque de la Ciudad de Hamburgo—. Allí se sentaron en animada charla, mientras disfrutaban de un té negro, acompañado de trozos generosos de tarta de grosella bañados en nata y de una jarrita de leche concentrada.

La fría tarde, de principios del mes de febrero, no permitía pasear ni disfrutar de alguna de las orquestinas que, en verano, deleitaban los oídos del paseante o del turista. Sin embargo, dentro del café, la atmósfera era muy animada y acogedora. Una terraza-mirador acristalada, donde en ese momento sonaban las suaves notas del tango *In einer kleinen Konditorei* —En una pequeña confitería—, permitía contemplar cómodamente el crudo invierno hamburgués en el parque, con todo su esplendor: sus árboles desnudos, sus caminos de arena solitarios y su lago, donde algunas pequeñas barcas a remo convivían con los patos y los cisnes, concitando la curiosidad de los niños; y donde los enamorados con sus manos entrelazadas, y algunas personas solitarias, paseaban a su alrededor disfrutando de una calma que incitaba a la melancolía y al reposo del alma, semejando a uno de los bellos lienzos románticos de Caspar Friedrich.

—Así que usted es el famoso capitán Meinhof del que Ilse nos ha hablado tanto —inició la plática una de las amigas de la enfermera.

—Bueno, lo de famoso vamos a dejarlo; sólo soy uno más de los que hemos sobrevivido al horror, como vosotras; lo de capitán, también podemos dejarlo, ya no ejerzo de militar.

— ¿Cree que Alemania volverá a ocupar su lugar en el mundo, sin que tengamos que avergonzarnos de lo que ha pasado?

—Sí, siempre que cada uno de nosotros cumpla con su cometido y recupere su espíritu crítico.

— ¿A qué se refiere cuando habla de espíritu crítico? —La pregunta no le sentó bien a Willy que pensó—: «O esta chica es tonta, o simplemente todo aquello le parecía muy bien». Lo cierto es que respondió con una cierta antipatía que tensó la conversación.

— ¡Me sorprende usted! Quizás le lavaron mucho el cerebro en la *Bund Deutscher Mädel*. Gran parte de lo que nos ha ocurrido proviene de que, en un momento dado, la mayoría de los alemanes dejamos de ser críticos con el poder olvidando nuestra individualidad. Eso es lo que encierra la consigna de *Ein Volk, ein*

Reich, ein Führer —un Pueblo, un Imperio, un Jefe—, que tantos males nos ha traído. Lo de un Pueblo, está bien, siempre que se entienda en un sentido no racista; lo del Reich de los 1000 años era un cuento chino; y lo de un *Führer*, es mejor casi ni comentarlo. Pero yo, no sé vosotras, no estaría dispuesto a abdicar de mi responsabilidad a favor de un peligroso psicópata como Hitler; a quien no le costaba nada sacrificar cruelmente la vida de cientos de miles de soldados alemanes; u ordenar el exterminio, a sangre fría, de más de seis millones de judíos, y de muchas otras personas, por sus ideas, la pertenencia a una raza determinada o incluso sus condiciones físicas o mentales.

—Pero, ¡usted estaba en la Wehrmacht! —contraatacó la amiga de la enfermera, a quien las palabras de Willy habían soliviantado—. Usted participó en la campaña de Polonia, en 1939, en la de Francia y luego en la de Rusia, según nos ha comentado Ilse.

—¡Por supuesto! ¿Acaso no estabas tú en las organizaciones nazis, como casi todos? ¿No suponía eso participar indirectamente en la guerra? —le preguntó Willy descendiendo voluntariamente al tuteo.

—Estaba en una fábrica de armamento, es la verdad, no puedo decir otra cosa; pero me sentía orgullosa de fabricar armas y municiones para nuestros soldados. Lo que pasa es que todo el tinglado salió mal.

— ¿Qué quieres decir con eso? —inquirió Willy un tanto extrañado—, que si hubiera salido bien, si hubiéramos ganado la guerra; ¿todo sería maravilloso?

—Bueno, tendríamos la paz, económicamente nos iría muy bien, y el orden reinaría en el país. ¿Qué más se puede pedir?

— ¡Muchas cosas! Por ejemplo, y perdona que insista: que no se elimine a quien no cumpla con los estándares nazis de lo que debe ser una persona sana; que no se elimine a otros pueblos ni

51

otras razas cuyos miembros son tratados de ratas o parásitos de los demás; que el Estado no meta las narices en nuestras vidas privadas; que no existan castas, como eran los SS, no sometidos a los tribunales de justicia ordinarios y con patente de corso para detener, torturar e incluso ejecutar a otras personas consideradas disidentes; que no se derogue ese derecho a la inviolabilidad del domicilio por el que conseguimos que, sin una orden judicial, no pueda entrar la policía en tu casa; que no se legisle contra la libertad de expresión, para que no tengas miedo de hablar de política con el vecino o con quien te dé la gana; que no se suprima el *habeas corpus*, para que no puedan retenerte o detenerte sin causa o sin causa justa y seas inmediatamente puesto en libertad; que no se fomente la denuncia anónima, como método de generar miedo y terror y controlar a la población, etc.

«Te lo resumo en pocas palabras, para que el Estado no meta sus narices donde le venga en gana, nos deje realizar nuestra vida en paz, y prevalezcan siempre los derechos humanos y la libertad de conciencia. ¿Te parece poco?

—No se ponga así, Willy —respondió la amiga de Ilse un tanto abrumada—, yo sólo me refería a que estaríamos mejor que durante la guerra.

—Eso seguro, pero la paz no se puede obtener a cualquier precio. Si hay que claudicar perdiendo la dignidad y la justicia, no merece la pena. Una paz basada en el olvido y en la injusticia, al no restañar las heridas de las víctimas; y en la claudicación, al tener que aceptar un régimen criminal e inaceptable que no respeta la libertad y los derechos humanos, no es sólida. Socava la moral de una gran parte de la población, la que no está aborregada, la que analiza y no es sicaria del Estado o sectaria del partido. De ahí al abismo, en forma de infelicidad y enfrentamiento civil bajo las más variadas formas, sólo hay un paso. Recuerda que muchas personas que esperan justicia, se pueden cansar y pasar a la acción.

«De todos modos y gracias a Dios, lo que planteas es una mera hipótesis. Lo cierto —prosiguió Willy, muy motivado por la conversación pues era un apasionado de la política—, es que hemos perdido la guerra y que, antes, hemos estado viviendo sometidos a un régimen totalitario y odioso, como el que ahora todavía mantiene el *Padrecito Stalin* en la Unión Soviética, al ser uno de los vencedores de la guerra. Te aseguro que sé algo sobre este tema; he estado más de siete años cautivo en el *paraíso soviético*, disfrutando de unas *vacaciones maravillosas,* con trabajos forzados incluidos.

«Nuestra culpa, nuestra responsabilidad, es que todos, salvo unos pocos valientes, hemos colaborado, por acción u omisión, con el régimen. Ahora, lo que tenemos que hacer es aprender de los errores del pasado; para que una pesadilla de este calibre, venga de donde venga, no se vuelva a repetir. Pero es muy fácil decirlo aquí, calentitos y seguros como estamos. En realidad tiene poco valor y me siento avergonzado por todo lo que ha pasado. Los alemanes no debemos volver a hacer caso a más cantos de sirena preludio del Apocalipsis. Sobre todo, no podemos olvidar nuestra conciencia, nuestra alma, ¡nunca más!

En este punto, viendo que la conversación estaba tomando unos derroteros inoportunos, y consciente del impacto que sus aciagas palabras provocaban en Ilse, que parecía muy afectada; se dirigió a ella cariñosamente, tratando de rebajar un poco la tensión:

— ¡Pero, qué callada estás, Ilse!, ¿te encuentras mal? —le preguntó mientras amorosamente le cogía la mano sin que ella le rechazara.

— ¡No!, ¡qué va! Sólo estaba recordando mi época como Mädelring, cuando tenía el mando sobre más de 500 chicas de la *Bund Deutscher Mädel.* Las palabras que has dicho me causan escalofríos. ¡Cualquiera se manifestaba así durante el gobierno de Hitler!, aunque en privado se pensara. Hasta las paredes oían.

Los hijos denunciaban a los padres por su desafección al régimen. Además, al principio, ni se te pasaba por la mente que el sistema fuera en realidad una organización de criminales que, con bellas y demagógicas palabras, la celebración de hermosas e impresionantes concentraciones, y la repetición fanática de los conceptos, se apoderaba literalmente de nuestras mentes.

«Lo cierto, Willy, es que tienes razón, nadie nos obligó a secundar a Hitler. En realidad, el Parlamento, a pesar de las dificultades, podría haber votado en marzo de 1933 contra la Ley de Plenos Poderes. También, en 1934, nuestros padres podrían haber votado en contra de la investidura de Hitler como Jefe de Estado y Primer Ministro, tras la muerte del Presidente Von Hindenburg. Todavía estábamos al principio de la pesadilla y, sin embargo, no lo hicieron. Antes al contrario, la inmensa mayoría, sobre todo en el plebiscito, votó a favor de Hitler. Estábamos ensoberbecidos, no veíamos nuestros errores.

«Creo que la propia Sophie Scholl tuvo una época en la que estaba muy implicada con el régimen. Luego se dio cuenta...; se dio cuenta muy rápido del fraude y... rectificó. ¡Vaya si rectificó! Ella, su hermano Christoph Probst, y los demás que estaban en la Rosa Blanca eran unos maravillosos idealistas. Contrarios a la violencia, hicieron frente al régimen con la fuerza de las ideas en una época en la que eso te costaba la vida. Esperemos que su semilla germine en todos los alemanes de buena fe. Personas así, y muchos más, son un ejemplo de la buena Alemania que también existía en aquel entonces.

—No te tortures demasiado, Ilse. No quiero justificar nuestra colaboración, pero lo cierto es que no sólo en Alemania, sino también en Rusia, con Stalin; en Italia, con Mussolini; o en España, con Franco, las poblaciones estaban sometidas a regímenes dictatoriales. En Europa había una crisis generalizada de las democracias liberales y un claro olvido de los derechos individuales. Lo que pasa es que, en nuestra patria, esta circunstancia se unía a una fortísima depresión económica y a la humillación producida por las ominosas condiciones impuestas en el Tratado de Versalles.

«También hay que tener en cuenta nuestro carácter alemán, no podemos obviarlo. Aquí lo del deber y la obediencia es como un dogma. A un alemán le pones un uniforme y, ¡chicas!, parece que se transforma. Los nazis eran además unos expertos en perfeccionar la maquinaria represiva hasta extremos insospechados. Al final, se murieron de éxito; creían que se iban a comer el mundo... y el mundo les comió.

«De todos modos —continuó— no tengo mucha fe en la naturaleza humana. Estoy convencido de que si Hitler hubiese ganado la guerra, ahora estaría la mayoría borreguil de la población *desfilando al paso de la oca*, afiliándose al Partido Nazi e ignorando los crímenes que, de seguro, se iban a seguir cometiendo. Muchos de esos izquierdistas, que ahora se manifiestan con entusiasmo a favor de la democracia y las libertades, o de esos intelectuales que se declaran seguidores del sistema parlamentario, habría que ver qué cargos tendrían y cómo vivirían con su ahora odiado Hitler. Si es que, ¡todo es una puta mentira!

«Es así de crudo, pues la victoria en una guerra lava muchas culpas y, sobre todo, impide que se persiga a los criminales del régimen ganador, muy orgullosos de hacer lo que han hecho y envueltos en un halo de héroes. ¡Qué asco! ¡Qué poco vale la condición humana! La confirmación más clara de lo que digo la podéis ver actualmente en Rusia. Como han vencido, pues no pasa nada y sus dirigentes gozan de un inmenso poder. Poblaciones enteras son deportadas, los opositores al régimen son torturados y encarcelados o ejecutados. Además, como en ese régimen no hay libertad de expresión y por tanto de prensa —porque según ellos es un invento burgués no compatible con la dictadura del proletariado, que no es más que la dictadura de una minoría sin escrúpulos, y estoy utilizando palabras suaves—, la población no se entera ni de la misa la media.

«Al final, amigas —concluyó Willy—, Montesquieu tenía más razón que un santo y, por supuesto, más que Rousseau. Aquél si sabía de lo que estaba hablando. Era un escéptico, no se hacía muchas ilusiones sobre la naturaleza humana y estaba muy acertado al postular, como idea fundamental de su discurso, la inexorable tendencia natural del poder al abuso. Por eso, como Hobbes, desconfiaba mucho del Estado, del Leviatán, hasta el punto de querer ponerle un bozal con el invento más revolucionario de toda la historia política, la Separación de Poderes. ¡Esa amenaza tan odiosa para el 90% de los políticos! ¡Esa espada de Damocles que en cualquier momento, puede abatirse sobre un miembro del partido! ¿Cómo no van a estar en contra unos y otros, con independencia de su ideología? ¡Nadie quiere que le controlen! Y la gran mayoría de los políticos, cuando hablan de la separación de poderes, lo hace con la boca pequeña, *muy pequeña*. Pero, no se os olvide: ése es el único mecanismo eficaz para garantizar la libertad y la igualdad de los ciudadanos, de las buenas gentes, no la fraternidad, que obedece más a un impulso sentimental.

Finalizada la polémica, o más bien el monólogo, tras el que Willy se había quedado muy a gusto aunque no las dos amigas de Ilse, la conversación bajó su tono político y se centró en temas más mundanos. Las acompañantes demostraron mayor interés por materias que no comprometían; quizás con el afán de tranquilizar un poco sus conciencias, después del incisivo discurso que, cuando menos, les había inquietado.

Al anochecer, los cuatro se fueron a bailar a un conocido local de Hamburgo, donde el ritmo del Swing estaba muy de moda. Los temas del malogrado Glenn Miller se mezclaban con algunos tangos y valses, y con piezas ya clásicas, muy conocidas en Alemania, como *Musik Musik*, *Junger Mann in Frühling* o la picante *Meine süsse kleine Freundin*. Durante la época del nacionalsocialismo, el Swing estaba prohibido por considerarse, junto al jazz, un producto del arte degenerado y decadente. La denominada *entartete Musik*, como se la calificó en la exposición de Dúseldorf de 1938, molestaba mucho al régimen que perseguía cualquier desviación de las conductas, no acorde con la ideología oficial.

Durante las semanas siguientes, aprovechando que Ilse asistía a un curso médico no lejos de Karlsruhe, la pareja tuvo ocasión de estrechar su naciente relación. La enfermera se encontraba muy a gusto en compañía de Willy, admiraba su espíritu inquieto y sus profundas convicciones. En lo esencial, estaba de acuerdo con ellas. También le agradaba que no hubiera sido presa de la molicie y del conformismo y que, haciendo gala de un impulso romántico, más propio del siglo XIX que del XX, se planteara luchar por un acto estricto de justicia, dejándose llevar por un sano sentimiento del honor y de la camaradería, sin importarle lo más mínimo el qué dirán ni las dificultades y riesgos de la empresa.

En resumidas cuentas... Ilse se había enamorado.

***

La Asociación de Cazadores

En el amplio local de un famoso salón de baile de Duisburgo, la *Alltpreussische Parademarsch* sonaba potente y alegre a través de los altavoces que había instalados. La clásica cadencia binaria de la marcha militar enmarcaba el encuentro de los miembros de una asociación de cazadores. La *Helles und dunkel Bier* —la cerveza rubia y oscura—, servida en unas grandes y bellas jarras de cerámica, corría a raudales, y el burbujeante y exquisito líquido llenaba los estómagos, a veces prominentes, de los allí reunidos.

Un grupo de antiguos miembros de las Waffen SS, de una de las brigadas de la división *Leibstandarte SS Adolf Hitler*, que combatía en el frente de Ucrania a finales de 1943, había tenido la feliz idea de formar una asociación cinegética. En un principio, el nombre elegido había sido *Jagdt macht frei* (La caza os hará libres), pero al considerarse por algunos *demasiado explícito* —pues en la entrada de los campos de trabajo y exterminio nazis figuraba en lugar visible la irónica frase *Arbeit macht frei* (El trabajo os hará libres)—, decidieron que se llamaría simplemente *Jagdt und Freiheit* (Caza y libertad).

A finales de febrero de 1952, cuando ya se anticipaba la primavera, la asociación estaba celebrando su reunión anual ordinaria. En ella, los cazadores ponían en común sus experiencias del año anterior y planificaban las actuaciones de la nueva temporada. Pero esto sólo era una tapadera, o si se prefiere, algo complementario. La realidad era que la mayoría de sus miembros disfrutaban rememorando las hazañas de la guerra, a la par que afianzaban los lazos que les unían como antiguos pertenecientes a las Waffen SS. Y es que, a pesar de la derrota, muchos de los reunidos consideraban que seguían formando parte de una clase o sociedad de Señores, la *Herrengeselschaft*, física y espiritualmente superior al resto de los mortales y muy a menudo incomprendida.

Se mostraban orgullosos sus fotos, de cuando estaban en el frente, en la retaguardia, o luciendo sus vistosos uniformes de gala bellamente diseñados, algunos de ellos, por la firma Hugo Boss. Sin reprimir su admiración por los *viejos tiempos*, sin reparar, en modo alguno, en la verdadera esencia de un régimen que tanta muerte, tanto dolor y destrucción, había causado a Alemania y al mundo; los antiguos miembros de las SS cantaban, comían y bebían, en un ambiente donde se sentían libres para poder expresar sus opiniones y sus sentimientos.

En la reunión de primavera, aprovechaban también para comentar los éxitos profesionales y económicos y, de paso... hacer negocios. En una de las mesas principales, varios antiguos oficiales compartían la bebida y comida servidas con abundancia. Entre ellos se encontraba Kurt Peckmann, que reía a mandíbula batiente y parecía sentirse en la mejor forma; como si para él no hubiera pasado el tiempo.

—A usted, Peckmann, le ha ido muy bien —afirmaba quien se sentaba a su lado—. Se ha rehecho de la guerra en un tiempo record. ¡Qué suerte ha tenido usted en Rusia! No pueden decir lo mismo quienes todavía están en Siberia; sobre todo en el campo de prisioneros de Vorkuta.

—Ciertamente, soy un afortunado —asintió Kurt—, pero todo no ha sido un camino de rosas; se lo puedo asegurar. Es verdad que, a pesar de ser un SS, tuve suerte y he sido de los primeros en volver a la patria después de la guerra. Luego, en los negocios, me ha ido muy bien. Eso, como sabe usted, no es ajeno a nuestras influencias. A ustedes, a su apoyo y a nuestra camaradería, les debo en gran parte mi éxito profesional, ¡brindemos por ello!

—*Herr* Peckmann, también nosotros tenemos que agradecerle que haya colocado a unos cuantos de los nuestros en su empresa. En los tiempos actuales —añadió pensativo—, la mala prensa, que injustamente se ha cebado con nosotros, hace que los servicios prestados a Alemania no nos sean reconocidos abiertamente.

— ¡Qué razón tiene usted! Esos sensacionalistas, esas ratas periodísticas siempre están inventado historias falsas o exagerando los, digamos, *excesos* que se hayan podido cometer en una época en la que, por cierto, todo eran excesos. Además se olvidan de la alta misión que cumplía el Tercer Reich y que nos encomendó nuestro sagrado *Führer*: salvar a Europa Occidental del comunismo. ¿Y los aliados? ¿Qué me dice usted? ¡Son unos desagradecidos! Si nos hubiesen hecho caso al final de la guerra y se hubiesen unido a nosotros contra el diablo rojo; otro gallo cantaría actualmente y el comunismo no estaría tan crecido, habría sido destruido y en Europa no habría países sometidos a la Unión Soviética.

— ¡Así se habla, Kurt! —exclamó su compañero de mesa, entusiasmado con el discurso—. Contigo, si me permites que te tutee, da gusto intercambiar opiniones. Por cierto, mi sobrino vuelve de Suecia uno de estos días y quería visitarte, para saludarte y de paso hablar de negocios... ya sabes.

—No digas más... que se ponga en contacto conmigo y ya veremos lo que se puede hacer. Todo es poco para un antiguo camarada. ¡Y ahora!, ¡brindemos!, ¡brindemos por los viejos tiempos! *¡Heil Hitler!* (¡Salve Hitler!).

— ¡*Heil Hitler*! ¡Viva nuestro amado *Führer*! ¡Esté donde esté! Algunos dicen que no se suicidó en el Bunker de la Cancillería, que está disfrutando de una merecida vejez en Argentina. ¡Ojalá sea así! —Luego, mirando extasiado hacia un lugar indefinido en el techo del local, el contertulio de Peckmann añadió en tono solemne y con la voz grave y engolada—: Una nueva Alemania nacional-socialista resurgirá como el Ave Fénix de sus cenizas y, entonces, no habrá nada ni nadie que puedan oponerse al Reich de los mil años. —Estos y otros comentarios sobre el mismo tema se oían a menudo en el encuentro primaveral de la *Jagdt und Freiheit*, sin ningún sentimiento de culpa y con muy escasa autocrítica. Tampoco faltaban las alusiones a lo que ellos consideraban la decadencia de Alemania, por su división en 4 sectores de ocupación, como consecuencia de las Conferencias de Yalta y de Postdam, y por la reciente creación de la *Bundesrepublik Deutschland* —La República Federal de Alemania—, en 1949.

**

Finalizada la reunión y con los vapores cerveceros produciendo una grande y placentera relajación, Peckmann volvió a su domicilio en un flamante Mercedes negro 170-D de su propiedad, conducido por su chófer, quien también era antiguo miembro de las SS. La cara de Kurt reflejaba alegría y satisfacción, no sólo por haber disfrutado mucho del encuentro, sino también por la admiración que le profesaban sus antaño camaradas del cuerpo de élite de la nación, de la flor y nata del Tercer Reich, de la raza de hombres superiores a la que él pertenecía.

Lo cierto es que el ex capitán de las SS disfrutaba de un nivel de vida privilegiado. A los pocos meses de regresar de Rusia, en 1946, conoció a su futura esposa, Leni von Holdendorf, y al año siguiente contrajeron matrimonio. Su mujer era uno de los siete hijos de los condes Von Holdendorf, una familia aristocrática relacionada con las altas esferas del régimen nazi, que había disfrutado y se había beneficiado de las mieles del poder, mientras duró el espejismo de la Gran Alemania. Con la derrota, el dulce sueño se vino abajo y se trocó en pesadilla. La familia, recientemente emigrada de la Prusia Oriental, había caído en desgracia, económica y socialmente; pero fue entonces cuando Leni conoció a Kurt, o ¿fue Kurt quien conoció a Leni?

Los Von Holdendorf vieron en este encuentro la oportunidad de reincorporarse con fuerza al mundo económico y social de las clases altas y dirigentes de la nueva Alemania; de recuperar el prestigio y la influencia perdidos, que era lo que más les importaba.

61

Ahora, con habilidad camaleónica, el conde se relacionaba con los políticos de la recién constituida República Federal. Pero el resurgir del clan no era ajeno a otros factores. El nuevo Estado, derivado de la Ley Fundamental de Bonn de 1949, no había nacido de cero. Eran muchos los puestos de responsabilidad servidos por quienes ya lo hacían en el régimen anterior; los mismos perros, con distintos collares. ¿Quién no había trabajado o colaborado con el nacionalsocialismo, de una u otra manera? Y, en consecuencia, ¿qué compatriota podía echar en cara a otro, que había sido nazi o que había servido fielmente e incluso en muchos casos, fervorosamente, al régimen? El dicho cristiano «El que esté libre de pecado, que tire la primera piedra» era muy adecuado en este caso. Ciertamente, pocos alemanes podían decir que no habían participado por acción u omisión en el sistema hitleriano y eso, bajo un manto de silencio sepulcral, pesaba en el ambiente. Ello no era obstáculo para que la mayoría de la población, harta de guerra, de sufrimientos y de coacciones, estuviera sinceramente a favor de la refundación del país sobre unas bases indiscutiblemente democrá-ticas, pasando página, definitivamente, a una de las etapas más catastróficas de la historia germana. Ahora, una buena parte de sus ciudadanos, con conocimiento de causa y libertad para expresar sus opiniones sin miedo, se arrepentía sinceramente de lo que había sucedido.

Pero a pesar de ello, la tendencia a *correr un tupido velo* sobre el nazismo era mayoritaria y se veía favorecida por la denominada *Guerra Fría*, un enfrentamiento permanente aunque no bélico, que se había adueñado de Europa dividiéndola en dos bloques, el Occidental y el Oriental, también llamado soviético. Su mayor punto de tensión se encontraba, precisamente, en la Alemania dividida de Konrad Adenauer y de Wilhelm Pieck, los respectivos presidentes, en 1949, de la República Federal de Alemania y de la República Democrática Alemana, país satélite de la Unión Soviética que, de democrática, sólo tenía el nombre. El Partido Comunista Alemán y su brazo policial, el famoso y temido servicio de inteligencia, la STASI, siglas del *Ministerium für Staatssichercheit* (Ministerio para la Seguridad del Estado), eran quienes realmente gobernaban, adoctrinaban, vigilaban y oprimían a la población en la Alemania del Este, sin tener mucho que envidiar a la antigua Gestapo, la policía secreta del nazismo, pues sus métodos era análogos.

A este *borrón y cuenta nueva*, con olvido en la práctica de muchos crímenes y responsabilidades, no era ajena la política internacional llevada a cabo por Estados Unidos. La principal potencia vencedora en la Segunda Guerra Mundial había pasado de ser el principal aliado y proveedor de armas de la Unión Soviética, a convertirse en su más firme enemigo. Como consecuencia de ello, el nivel de persecución de los criminales y colaboradores de los nazis disminuyó apreciablemente. Muchos de aquellos fueron utilizados en experimentos científicos o en labores de espionaje y contraespionaje contra el bloque soviético. Entre los casos más notorios, puede citarse al ex *Generalmajor* de la Wehrmacht, Reinhardt Gehlen, que llegó a ser contratado por la CIA y luego dirigió el *Bundesnachrichtendienst* —Servicio de Inteligencia de la República federal de Alemania— ; a Herbert von Braun, científico del proyecto Géminis y del hombre en la luna; a Klaus Barbie, antiguo *Hauptsturmführer* —capitán de las SS— a quien apodaron el Carnicero de Lyon, por sus actividades criminales como jefe local de la Gestapo; o más modernamente, a Kurt Waldheim, el que llegara a ser Secretario General de las Naciones Unidas y luego Presidente Federal de Austria, puesto en entredicho por su pasado dudoso como oficial de enlace entre la Wehrmacht y las SS en Italia, Grecia y Yugoslavia.

**

A Peckmann, los negocios le iban viento en popa. Regentaba una empresa constructora, la *PWG-Aktienbaugesellschaft* —Peckmann Edificios de Viviendas sociedad constructora por acciones—, que levantaba nuevos edificios en la ciudad de Duisburgo,, perteneciente al *Land* de *Nordrhein Westfalen* —Renania del Norte Westfalia—. Este Estado federado, situado ahora en el sector de ocupación británico, en el centro oeste del país, era una de las zonas más industriales y más pobladas de Alemania, y por ello de las más castigadas durante la Segunda Guerra Mundial. Alrededor del 80% de los edificios de Duisburgo habían sido destruidos por los más de 300 bombardeos aliados durante el conflicto.

En las oficinas de la constructora, la actividad era frenética y Kurt Peckmann, con su jovialidad y simpatía habituales, encandilaba a clientes y proveedores. Les convencía con su prestancia y su don para las relaciones públicas y conseguía que firmasen los mejores contratos para la firma. Salvo en el encuentro anual con sus camaradas SS, no le gustaba hacer ningún comentario sobre sus experiencias en la guerra y nadie se atrevía a preguntarle acerca de ello pues, automáticamente, le cambiaba la cara y sobre todo el humor, con consecuencias nefastas para los empleados.

Por lo demás, el ex capitán de las SS, ahora exitoso empresario, vivía en una colonia de casas señoriales pertenecientes a la alta burguesía, dentro de una zona alejada del centro de la urbe y rodeada de grandes y cuidados jardines. Llevaba una vida plácida e idílica, en compañía de su mujer, sus dos hijas... y sus perros Dobermann. Los fines de semana, el matrimonio acudía a importantes reuniones sociales, participaba en cacerías selectas, u organizaba fiestas para los niños. Con frecuencia, se les veía pasear juntos por las cuidadas y anchas calles de la urbanización, saludando aquí y allá a los vecinos que, de vez en cuando, se dejaban ver mientras tomaban el sol en sus céspedes, jugando con sus mascotas o dedicándose a las labores de jardinería, que tanto gustan en Alemania.

Las fiestas que organizaban los Peckmann en su mansión, invitando a las personalidades más relevantes del *Land*, eran de antología. Mientras sus criados, de rigurosa etiqueta, servían a los invitados sabrosas y generosas viandas, regadas con los mejores caldos del Rin o con los vinos franceses o españoles que regularmente llegaban a la excelente y amplia bodega-comedor del sótano de la casa, los niños disfrutaban de un espectáculo de magia o de guiñol. Luego, todos bailaban al son de la orquesta que se contrataba para la ocasión. En este ambiente de lujo, donde el matrimonio se movía como pez en el agua, las élites políticas, sociales y económicas de siempre, tejían de nuevo sus mallas de poder, ahora, dentro de un sistema democrático.

— ¡Leni, qué felicidad! Sólo deseo apartaros a ti y a nuestras hijas del mundanal ruido, de la ordinariez, y de las escenas sórdidas de algunos negocios que exigen taparse las narices. Quiero que Ulrike y Beathe alcancen las más altas cotas sociales y de poder. No debemos olvidar que en ellas está depositado el porvenir de Alemania, de la raza aria, más que en nuestras generaciones...

—Por cierto, Kurt —le interrumpió Leni, a quien a veces aburría ya el discurso grandilocuente de su marido—, me ha llamado *Frau* (la señora) Von Lichtenwald. El mes que viene, el duque, su marido, da una fiesta en el castillo de Tempelberg para presentar al prometido de su hija Frida. Yo creo que deberíamos ir y sorprender a los invitados con nuestros más elegantes vestidos. Según me ha dicho, a la fiesta van a acudir altos personajes de la política —añadió poniendo cara de ávido interés.

— ¡Será maravilloso, querida! ¡Prepáralo todo! —exclamó el hombre de la familia con un tono de prepotente autosuficiencia, mientras una taimada sonrisa se dibujaba en su cara—, y dile a Uwe que tenga a punto el Mercedes negro. Tiene que brillar más que ningún otro coche. ¡Leny, somos imparables! —concluyó Peckmann.

Tal era el desmedido afán de ambición y boato de los dos esposos, a quienes lo que más importaba era sobresalir social y económicamente en la nueva Alemania, al precio que fuere.

***

Bingo

En marzo de 1952, Klaus Zimmermann llevaba ya varios días investigando el paradero del SS. Había iniciado sus pesquisas en la central de teléfonos de Hamburgo, ciudad donde continuaba viviendo tras su divorcio, para estar cerca de sus dos hijas a quienes echaba mucho de menos. Consultadas las guías, no había muchas personas con el apellido del antiguo *Hauptsturmführer* de las Waffen SS, así que no le fue difícil localizar varias direcciones donde Peckmann podía residir.

El mes anterior, él y Willy habían pensado que, en esta primera fase de la operación, era necesario contratar también los servicios de alguna empresa de detectives privados. Eligieron a la compañía *Licht in Dunkel* —Luz en la oscuridad— que tenía delegaciones en las principales regiones de Alemania. Las conclusiones de la investigación confirmaron que Kurt Peckmann había sido miembro de las SS y que había vuelto de Rusia en 1946. Proporcionaba los datos de su matrimonio con Leni Von Holdendorf y los de las dos hijas nacidas de dicha unión. Profesionalmente, era de dominio público que el señor Peckmann regentaba una boyante empresa de construcción constituida en 1947 bajo la denominación de *PWG-Aktienbaugeselschaft*.

En el informe se describía la muy acomodada posición social y económica de que disfrutaba la familia, con una estimación global de su patrimonio y sus rentas. También se mencionaba el origen aristocrático de los parientes políticos del constructor. Los Peckmann vivían en una cotizada zona residencial de Duisburgo, en una especie de palacete, coincidente con una de las direcciones que Klaus Zimmermann había encontrado en la central telefónica.

Pero lo más útil de la investigación fue lo que, a primera vista, podía parecer anecdótico: una serie de recortes de prensa. En uno de ellos, de ecos de sociedad, figuraba una foto de buena calidad de Kurt y su esposa, el día de su boda, en 1947. En otro, de 1951, el empresario aparecía rodeado de autoridades, en un simposio de una conocida asociación de constructores. Cuando tuvo el dosier en su poder, Klaus telefoneó inmediatamente a Willy.

—Capitán, ¡por fin tengo datos sobre el paradero de nuestro objetivo! —exclamó con la voz temblorosa de emoción y nerviosismo—. Ha sido más fácil de lo que pensábamos. El muy cabrón vive en Duisburgo, en las afueras de la ciudad, en un lujoso barrio residencial. ¡Estamos de enhorabuena! Cuando los detectives me confirmaron la dirección, no me lo podía creer. ¿Qué tal se siente ahora?

—No se lo puede ni imaginar, Klaus. Estoy haciendo esfuerzos para controlar mi júbilo pero, ¡cuénteme más detalles!, ¡estoy que ardo!

—Le voy a mandar inmediatamente el informe de *Licht in Dunkel*. Aporta datos muy interesantes y, sobre todo, dos fotos nítidas de Peckmann que nos van a servir mucho. Capitán —continuó—, lo importante es que el primer paso está ya dado. Ahora, con su permiso, me voy a tomar unos whiskys. Le aconsejo que haga lo mismo, no le vaya a dar un síncope. ¡Por cierto!, el licor escocés es un magnífico vasodilatador.

—Y que lo digas, amigo. Ya tenemos localizado al pájaro, ahora: ¡hay que prepararle la jaula! Pero, para dar los siguientes pasos, debemos reunirnos en *petit comité*, ya sabe: usted, Bukovsky, Schulze, Walter, Waldemar y yo.

— ¿Waldemar también, capitán? ¿No cree que sería conveniente dejarle al margen? No sabemos con qué nos puede salir, recuerde lo de las bayonetas. Cada vez que pienso en ello, se me hiela la sangre. ¡Maldita la gracia que tenía el muy gilipollas!

—Lamento disentir, Klaus, pero llegado el caso, puede sernos muy útil. Conozco bien a Waldemar y me fío. Nunca me falló en la guerra, a pesar de sus salidas de tono y sus pequeñas indisciplinas. Funke y él eran los más audaces, cada uno en su estilo. Ahora podrá colaborar en las misiones, digamos... más *especiales*, cuando llegue el momento. Estoy pensando también en pedir a mi amiga Ilse que nos ayude. Es una de las enfermeras del hospital de Hamburgo, donde yo y Walter estuvimos convalecientes.

— ¿Es de fiar, capitán?

—Sí, creo que sí, o al menos eso parece. Sabe, Klaus, en el fondo no debemos fiarnos de nadie, pero así tampoco se puede vivir. Es mejor no perder la fe en el prójimo, aun a costa de equivocarnos y que nos tomen el pelo, por más que nos cueste.

—Usted siempre ha tenido buen ojo clínico, capitán; espero que esta vez no se equivoque.

—¡No lo creo, sargento! —afirmó Willy con rotundidad—. A los demás camaradas los tendré en la reserva, por si necesitamos que nos echen un cable. ¡Todo es poco para alcanzar nuestro objetivo! Pero ahora, *Oberfeldwebel*, vayamos a celebrar su descubrimiento.

— ¡Sabe, capitán! Cuando he tenido el dosier en mis manos ha sido como si hubiese vuelto a 1943, durante el primer ataque a nuestra posición, aquel fatídico 17 de octubre, cuando ese cerdo no quería presentar batalla después de habernos vendido a los rusos.

— ¡Tranquilícese, Klaus! No se haga mala sangre. Tenemos que actuar con la mayor frialdad, sin dejarnos llevar por el rencor. Como comprenderá, esto que digo es más teoría que otra cosa. A mí, lo que de verdad me pide el cuerpo es acabar con él, de una u otra manera.

—Lo malo es el riesgo que correríamos de ser detenidos. Además, en ese caso, el oro seguiría en manos de su familia. En resumidas cuentas, habríamos hecho un trabajo a medias y encima podríamos ir a la cárcel.

—La verdad, Klaus, es que no estamos en guerra, sino en una etapa *civilizada*. Tomarse la justicia por su mano está fuera de lugar y se puede volver en contra nuestra. Por otra parte, será un placer que la traición sea conocida por todo el mundo. Creo que ese es el mejor castigo. ¿Se imagina la reacción de sus amigos (!) de las SS cuando conozcan la acusación? No digamos ya si el veredicto es de culpabilidad y le condenan.

—Tiene usted razón, capitán, por un momento me dejé llevar por las emociones; pero no puede ser. Además, tenemos que demostrar que somos mejores que él.

—Me alegro que coincidamos, Klaus.

—Yo desde luego, capitán, condeno este delito y no compadezco al delincuente. ¡A ver si conseguimos que se pudra en la cárcel!

— ¡Dios le oiga! Espero que se reinserte en la puta cárcel, a ser posible en un pabellón que esté lleno de violadores profesionales y de falsificadores de dinero, así en los descansos, entre sesión y sesión, les deleitará con charlas sobre el dinero y los métodos fáciles para obtenerlo. Pero, ¡no adelantemos acontecimientos! Ahora me voy a tomar unas cervezas, luego me fumaré un habano a su salud.

— No se intoxique más de la cuenta, capitán.

—Tengo que disfrutar, Klaus. Las buenas noticias siempre hay que celebrarlas, cuantas más mejor. Lo malo ya nos viene solo y nos hace polvo. Por cierto, hay dos cuestiones que tengo que recordarle antes de finalizar nuestra conversación.

— ¿De qué se trata, capitán?

—No conviene que aireemos mucho nuestro descubrimiento. Se lo digo porque, aunque parezca mentira, en estos tiempos como antaño, las personas son prácticamente las mismas y hasta las paredes oyen. Así que, ¡máxima discreción! ¡No nos vayamos de la lengua! Especialmente en estos momentos de euforia. Cuando no estemos solos y otras personas puedan escucharnos, es conveniente que utilicemos un nombre en clave, tanto para referirnos a toda la operación como al propio Peckmann. Yo creo que *Némesis* podría ser la palabra adecuada, se trata de la Diosa griega de la justicia retributiva, la venganza y la fortuna, es lo que perseguimos todos en este caso.

—OK, capitán, la llamaremos así, me parece muy apropiado. En cuanto a Peckmann, con que le llamemos X será suficiente.

—*Alles in Ordnung, Oberfeldewebel* (todo en orden sargento mayor), corto y cierro —concluyó Willy que había utilizado, sin darse cuenta, el argot militar, y que después de la conversación pensó cariñosamente—: « ¿Por qué este cabrito no me pediría el ascenso a teniente por méritos de guerra, con lo que valía, con lo que vale?».

**

Ilse Zweig estaba cada día más enamorada de Willy. Se habían visto unas cuantas veces desde su última cita en el parque de la ciudad de Hamburgo. La enfermera se alegró mucho cuando supo por teléfono, que el capitán tenía por fin noticias del paradero de Peckmann.

Willy viajaba a Hamburgo cada vez con más frecuencia. En esta ocasión, habían quedado en uno de los establecimientos más conocidos de la ciudad, el *Wiener Kafee*, donde se servían bebidas calientes, acompañadas de sabrosos bollos y tartas que hacían las delicias de sus visitantes. Esa tarde-noche del mes de marzo, una conocida orquesta de cámara deleitaba a los numerosos clientes con las bellas notas del Allegro de La primavera de Vivaldi. En ese ambiente distendido, Willy comentó a Ilse los últimos aconteci-mientos, en especial su conversación con Klaus y el hallazgo de X.

—Por fin tienes a tu hombre —dijo ella, no muy entusiasmada.

—Sí, pero no hemos hecho más que empezar, aunque la noticia es muy buena. Significa el inicio de la segunda fase de la operación Némesis; la que espero nos permita plantear una acusación ante los tribunales. Sin embargo, eso todavía está muy lejos. Ahora tenemos que ponernos manos a la obra.

—Cambiando de tema, ¿qué tal van los negocios de tu familia?

Willy se quedó un tanto desconcertado por la pregunta, que no venía a cuento en un momento de necesidad, ánimo y apoyo, para proseguir con el asunto Peckmann. En realidad, Ilse se sentía incómoda, a pesar de su actitud en principio favorable hacia la operación Némesis, y había iniciado una maniobra de distracción.

—Bien, mi padre fue hábil al invertir sus ganancias y muy prudente; no se dejó llevar por los buitres y los embaucadores sin escrúpulos, que pululan cuando huelen el dinero y una buena presa. Ahora me toca a mí, a la segunda generación, administrarlo bien para que luego la tercera lo dilapide, ¿no es así? —añadió mientras se echaba a reír pensando en lo absurda que puede ser la vida, cuando después de amasar una pequeña fortuna y mantenerla, que no es poco, puede venir un imbécil cualquiera, incluso tu hijo, y fundirse toda la plata en un corto período de tiempo.

—Bueno, eso depende también de la educación y de los valores que se inculquen. No siempre es así —le matizó Ilse.

—Ya lo sé, pero me estaba poniendo en el peor de los casos y entonces me reía de mí mismo y, también, de lo que puede pasar. Es necesario tener siempre sentido del humor aunque, a veces, las situaciones no sean muy propicias. Pero, volvamos a X Ilse, ahora ha llegado el momento de actuar y, ahí, quería pedirte algo.

— ¿De qué se trata? —le respondió ella sin disimular su preocupación.

—Ya sabes que toda la información que podamos reunir sobre el objetivo va a ser poca. En el juicio, si no tenemos pruebas suficientes; estaremos perdidos.

—No te quepa la menor duda —reconoció ella con la boca pequeña.

—Entonces convendrás conmigo que es preciso acercarse al criminal, a su familia, a su territorio; conocer sus relaciones sociales. Utilizando un símil militar, hay que estudiar al enemigo para luego atacarle por sus zonas más débiles, por las más desguarnecidas. El problema es que no tenemos mucha información sobre el entorno de X. De su mujer y de la familia de ésta, no sabemos prácticamente nada, tampoco de su propia familia: ¿eran ricos?, ¿tenía hermanos?, ¿qué profesión ejercía antes de la guerra? ¡No tenemos ni idea!

«El informe de la empresa de detectives *Licht in Dunkel* —continuó— es francamente insuficiente para lo que queremos demostrar. Yo creo que no se han atrevido a acercarse demasiado a determinados círculos, a obtener datos que no salen en los registros oficiales ni son publicados en la prensa. Han ido a lo cómodo: echar un vistazo a su casa, a su oficina, consultar el registro de matrimonios, el de empresas, hojear algunas revistas del corazón, y... poco más. Sería muy útil que algunos de nosotros nos introdujéramos en los ambientes más personales y próximos al SS, que indagáramos sobre su pasado y su presente.

— ¿Y cómo podría yo ayudaros? —inquirió Ilse, que se sentía contra las cuerdas y empezaba a asustarse.

—Hay un dato que es interesante. La esposa del Objetivo X es hija del conde Von Holdendorf. Se trata de una de esas familias que, como he podido indagar en la biblioteca pública, remonta su reconocimiento de nobleza al siglo XVI. Desde entonces, de una u otra manera, siempre ha estado a la sombra del poder.

«A mí se me ha ocurrido que podrías hacerte pasar por una representante de una asociación de obras de caridad o de ayuda, por ejemplo, a los *flüchtlingen* —los evacuados o refugiados— del este de Alemania.

«¡O mejor aún!, habiendo sido tú *Mädel Ring* en la *Bund der Deutschen Mädel*, podías sondear a la esposa del objetivo X sobre la posibilidad de constituir una asociación local de antiguas pertenecientes a dicha organización femenina, donde ella tendría un papel preeminente. Se trataría de ofrecerle algo que suscitara mucho su interés, algo en lo que ella pudiera ser protagonista; de esta forma se confiaría a ti y sería más fácil sonsacarle sobre X.

«Por supuesto —continuó—, todo sería una tapadera. En cuanto tuviésemos datos y pruebas suficientes, desmontaríamos el decorado y desapareceríamos como el humo, sin dejar rastro. La obra de teatro habría acabado, nos quitaríamos las caretas y pasaríamos a la siguiente fase. Ilse, aunque sólo consiguiéramos una entrevista, ya estaría muy bien. ¿Qué te parece? —preguntó Willy con cara seria ya que, en cierta medida, estaba poniendo a prueba a la mujer a quien él admiraba y deseaba, pidiéndole realizar un esfuerzo y asumir un riesgo que la mayoría de las personas rechazarían de plano.

—No lo sé Willy, tengo que pensarlo —le respondió ella a la defensiva—. Todo esto me impresiona mucho, incluso a mí, que he visto tanto sufrimiento en la guerra. Me estás pidiendo que organice una puesta en escena contra alguien a quien no conozco y contra quien no tengo nada.

«Me estás pidiendo que me convierta en una espía y que actúe con muy pocos escrúpulos, haciéndome amiga de una mujer a la que luego voy a traicionar. Ya sé que esa gente ha sido causante de mucha desgracia y ha manipulado a otras personas, pero eso es aplicable sobre todo al objetivo X. No es tan fácil... no sé qué decirte ahora...

—Soy consciente de la dificultad, Ilse, pero tenía que preguntártelo y pedirte ayuda. Prefiero que me digas claramente que no, y no volvemos a hablar del tema. Lo que no me gustan son las medias tintas. Ya sé que tú, directamente, no tienes nada que ver con esto, que no vas a sacar nada en limpio de esta historia, si acaso problemas; pues no nos olvidemos que estamos hablando de un antiguo SS —añadió Willy decepcionado, aunque consciente de que quizás esperaba demasiado de una persona a quien, en realidad, estaba empezando a conocer.

—¡Déjame que lo piense! ¡Dame unos días! ¿Dónde vais a encontraros tú y tus camaradas?

—En principio en Núremberg, el mes que viene, en el mismo restaurante del hotel donde nos reunimos la primera vez.

—Antes de la reunión, te llamaré... te lo prometo.

—De acuerdo, pero no te preocupes, tampoco es tan importante —añadió Willy rebajando la tensión y disimulando su frustración.

Lo cierto es que el resto de la tarde, el ambiente ya no fue el mismo. Un velo de frialdad se había interpuesto entre los dos. Es verdad que Willy no tenía ningún derecho a exigirle nada sobre este tema pero, en el fondo, le hubiera gustado que se involucrase. De esta manera habría ganado muchos puntos y él se habría quedado todavía más prendado de ella; pensando ya en un futuro de pareja y con hijos, en una familia, donde Ilse sería su fiel compañera, amiga y amante. En definitiva, había caído en uno de los errores típicos de la mayoría de las personas, que confunden sus deseos con la realidad.

Ella, como la mayoría de las mujeres, captaba fácilmente la emotividad. Por eso, se dio perfecta cuenta del cambio de humor de Willy y cometió entonces la indiscreción de preguntarle qué le pasaba, movida no sólo por la desazón que estaba experimentando, sino también por la curiosidad femenina. Lo que consiguió fue sacar el tema de quicio:

— ¿Qué te pasa, Willy? Me da la impresión de que ya no estás a gusto

—Dejemos mejor el tema y seamos positivos —respondió él, siguiendo esa natural tendencia o más bien dificultad de la mayoría de los hombres, para expresar sus sentimientos más íntimos en compañía de una mujer.

—Bueno, si es lo que quieres; pero, de verdad, es que no entiendo nada.

Ilse se daba perfecta cuenta de lo que pasaba. Era consciente de que le había defraudado. No dar una respuesta inmediata a la petición de ayuda y diferir la decisión eran actitudes que habían contrariado a Willy. No había que ser ninguna *Madame Curie* –la premio Nobel de Física y Química— para percibirlo. Pero llevada por una cierta renuencia a reconocer las cosas, por soberbia y engaño de sí misma, parecía dar a entender que no se había enterado.

Willy detectó inmediatamente el camuflaje. El tono de voz y unos ojos que rehuían la mirada penetrante de éste traicionaban su pretendida candidez. Entonces, ya no pudo evitar entrar al trapo y decirle a Ilse, claramente, lo que pensaba:

—Mira, Ilse, no somos unos polluelos recién salidos del cascarón. No te puedes hacer ahora la mosquita muerta y preguntarme, sorprendida, qué pasa; cuando sabes, de sobra, que tu actitud me ha decepcionado. De todos modos no estoy sorprendido, y no me refiero sólo a ti, sino a las personas en general, tan cambiantes, tan inconsistentes, tan cobardes y presas a menudo de emociones contradictorias. Por eso, yo no soy quién para reprocharte nada, pero también tengo mis emociones y mis sentimientos. No te puedo pedir que seas perfecta, ¡sería absurdo!,

¡sería infantil! Nos conocemos desde hace poco y, en los inicios, los hombres siempre tendemos a ser muy optimistas con cualquier relación, y aún más si se trata de una mujer.

— ¡Qué barbaridad! ¡Cómo te lo has tomado! —exclamó la enfermera, tratando de quitar un poco de hierro al asunto—. ¡Si te he dicho que me lo voy a pensar! Me estás pidiendo mucho, Willy, ¡te estás pasando!

— ¡Joder! ¿Cómo quieres que me lo tome? —le preguntó enfadado—. Tú no sabes lo que fue cargar sobre mis espaldas con las vidas de tantos soldados, para que luego viniera un hijo de puta y, por enriquecerse, el muy cabrón provocase un ataque previamente pactado con el enemigo, horas antes de nuestra retirada y con el resultado que todos conocemos. Aunque no hubiere habido bajas, el hecho habría sido igualmente despreciable.

«Además es un delito y no puede quedar impune. Imagínate encima en este caso, ¡con todos los que han caído! Es que no puedo, ¡no quiero olvidarlo! Y me importan un pimiento las consecuencias de mi decisión, de la decisión de los que quedamos para ir a buscar a ese tipo, ¡hasta el infierno si hace falta! —añadió lleno de indignación.

Luego se hizo un silencio de muerte y Willy tiró la toalla, al menos de momento

—Es mejor que nos volvamos a casa, Ilse. No me siento bien —confesó, mientras se frotaba la cara con sus manos—. Realmente no sé lo que estoy haciendo aquí. Debería de haber muerto en la guerra, con Funke, o en el cautiverio, con Hans Witzcke. Pero he sobrevivido y voy a luchar para que se haga justicia, por ellos y por los demás que dejaron su vida en la fría estepa.

«Mis soldados —continuó— no tenían que haber caído en octubre de 1943. Tenían que haber seguido vivos. Llegó ese tipo con sus ansias de oro y se interpuso entre nosotros y nuestro destino, provocando tanta muerte y sufrimiento. Ellos deben tener Justicia, si no sus almas no descansarán nunca y nosotros tampoco podremos vivir en paz. Ese hijo de puta sin principios, un asesino, no debe salirse con la suya. —Finalmente, se despidió: Adiós cariño, ya te llamaré más adelante, ha sido un placer y perdona mi estado de ánimo.

Acto seguido, Willy se levantó y abandonó el local como un autómata. Ilse, por su parte, se quedó de piedra, con un palmo de narices.

El ex capitán de la Wehrmacht tenía muy claro que él no pertenecía a esa clase de *hombres pelota* o *calzonazos* que, a menudo, se bajan los pantalones por echar un polvo, por un ascenso, por algún reconocimiento social o en definitiva: por agradar en exceso a alguien para conseguir algún fin, olvidando su propia dignidad de persona o, como hacen también muchos, mudando sus ideas sin ningún problema.

Willy había observado cómo eso ocurría, incluso entre conocidos suyos. Cambiaban de trabajo o de novia y donde antes decían digo, ahora decían Diego. Incluso dejaban de hablarse con sus padres y su familia de sangre. Eso prefería él que lo hicieran otros: era mejor quedarse compuesto y si llegara el caso, sin novia, a abdicar de las propias creencias o valores. Pero al final, para los pretendidos triunfadores —previo chaqueteo— no todo era un camino de rosas. Con el tiempo se les llegaba a ver decepcionados, desmoralizados, alcoholizados o, pura y simplemente, derrotados y con la salud y la autoestima por los suelos. «No debe de ser tan buena esa actitud —reflexionó—. Es mejor pasarlo mal ahora y luego estar tranquilo, que ganar aparentemente para luego sufrir durante mucho tiempo».

Con todo el dolor de su corazón, Willy se alejó del café pues, en esos momentos, el deseo de estar a solas, de refugiarse en sus pensamientos, era superior a cualquier otra consideración, incluso a la de estar en compañía de su amada.

Organización

A principios del mes de abril, en un reservado del hotel Stackel de Núremberg, Willy se reunía con los cinco camaradas de la compañía en los que más confiaba: Klaus, Albert, Thomas, Walter y Waldemar. Se trataba de planificar las acciones después de la localización del objetivo. Nada más sentarse a la mesa, tomó la palabra:

—Ahora que gracias a las pesquisas de Klaus tenemos localizado a X, es preciso seguir con Némesis y pasar a la fase de investigación. Con Hans Witzke muerto, nuestros testimonios son sólo indirectos. Todo lo demás tiene que encajar. Debemos obtener datos sobre la empresa de X en los registros públicos y por otros medios. También habrá que conseguir información sobre su familia, su procedencia, medios de vida anteriores, etc.

« ¿Qué caso nos va a hacer si no el tribunal? Como no demostremos que antes no tenía nada o tenía lo normal; que de golpe y porrazo, al volver de la guerra, ha multiplicado por 100 su nivel de vida y que ello se ha debido a un oro, fruto del expolio, que ha vendido para fundar su empresa, todo lo demás no servirá de nada. Sería sólo nuestra palabra contra la suya. Él, llegado el momento, va a decir que nos lo hemos inventado todo. En esas circunstancias el juzgador puede considerar que nuestras pretensiones no tienen una base real y que sólo son fruto de la envidia o del odio: porque X estuvo poco tiempo en cautiverio en Rusia; porque pertenecía a las SS, que era un cuerpo de élite; por el éxito fulgurante de su empresa, etc.

«Insisto, señores, en este tema tenemos que andarnos con pies de plomo, aunque haya llegado la hora de ponernos manos a la obra. Ya sabéis mi obsesión por la labor de equipo, pero antes de repartir los papeles, podéis preguntar lo que queráis. Lo más

78

importante es que todos estemos convencidos de lo que hay que hacer y empecemos a hacerlo».

—Capitán —pidió la palabra Walter Schuhmacher—, ya conoce mi inclinación por la prudencia. ¿No convendría poner en conocimiento del fiscal nuestras pretensiones o, al menos, mantener una reunión sobre este tema con algún responsable ministerial o judicial?

—Bueno, bueno, bueno...Walter —le respondió el capitán un tanto perplejo—, parece que te has caído ayer del guindo. ¿Tú crees que la información que nosotros diésemos no se filtraría o, lo que es peor, no estaría al día siguiente en conocimiento de X? A los diez minutos de haberles contado nuestra historia, todo sería agradecimiento y reconocimiento por haber dado un paso tan valeroso, reivindicando el honor del ejército regular que no admitía ladrones y asesinos en sus filas.

«Después de todo lo que ha pasado, de la contaminación de la Wehrmacht por las SS durante la guerra y, ¿por qué no decirlo?, de la conducta vergonzosa de bastantes de nuestros jefes y oficiales del *Heer*—el Ejército de Tierra— que no estuvieron a la altura necesaria para frenar los excesos que se cometían y la locura de Hitler, las instancias oficiales estarían encantadas de nuestra iniciativa. Seríamos bienvenidos.

«Luego, por arte de birlibirloque, la prensa se haría eco de nuestras intenciones. No sabemos cómo, uno o varios periodistas nos llamarían un buen día. ¡Qué entrevista más impactante en la radio! ¡Qué noticia más sabrosa para ser devorada en la página de sucesos de algún periódico! A buen seguro, se publicaría una bella historia con entrevistas a los supervivientes y a sus familias, con nuestros testimonios, manipulados si lo aconsejara la jugada. Muchos no hablarían, pero otros sí, pues la necesidad y la codicia mueven montañas.

«También entrarían en juego los parientes de los que no

sobrevivieron. Seguramente les pagarían cuatro duros por su información. La revista *Das Rose Leben* —La vida en rosa— o el periódico *der Klassische Beobachter* —El Observador Clásico— se volverían locos de alegría. ¡Menudo manjar! Por supuesto, también sería magnífico para los servicios de prensa y de radio de las potencias ocupantes.

«Así, nos convertiríamos en un juguete político, un instrumento económico y por supuesto en un entretenimiento para el público. ¡Ahí quedaría todo!... luego, ¡nada! Y encima, el objetivo X estaría sobre aviso y se enteraría de nuestros pasos. Le daríamos tiempo para eliminar las pruebas que pudieran incriminarle y no sabemos qué otras cosas intentaría una persona como él, sin escrúpulos. Además, los mejores abogados, deseosos de obtener una suculenta tajada, se le ofrecerían y le asesorarían. Lo peor de todo, insisto, es que tendría tiempo para hacer *desaparecer...* algunas pistas.

—Me parece, capitán, que está exagerando. Hay que tener confianza en las instituciones, el proceso de desnazificación es muy intenso y...

— ¡Walter!, ¡Walter! —le interrumpió Willy de nuevo—. Te puedo asegurar que sé de lo que hablo. En mi época de desenfreno, nada más regresar de Rusia, he estado ocho largos e intensos meses frecuentando las pretendidas élites de mi ciudad, muy cercanas a los círculos del poder. He asistido a la venta de todo y de muchos. También he visto la dignidad y el honor de los que no se doblegan, de quienes se niegan a participar en los tejemanejes. ¡Hay de todo en la viña del Señor!

Walter, inasequible al desaliento, insistía en su tesis, pensando quizás que debía hacer de abogado del diablo. De todos modos, su actitud prudente y aparentemente colaboracionista con las instituciones del poder entraba dentro de las coordenadas de su comportamiento. En 1933, por decisión de sus padres que buscaban congraciarse con los nuevos amos de Alemania, Walter, casi un niño, se había afiliado *voluntariamente* a las *Hitlerjugend*. Ello no quería decir que fuese nazi, más bien era todo lo contrario. Ahora, en 1952, en la reunión decisiva del hotel Stackel, prefería nadar y guardar la ropa. En cualquier caso, el ex cabo de la *Wehrmacht*, antes de tomar una decisión importante, le daba muchas vueltas a la cabeza, aunque luego en la ejecución fuese sólido y fiable como una roca. El hecho es que seguía erre que erre:

—Pero, capitán, podemos pedir audiencia al más alto nivel, como si se tratase de una asunto de alto secreto.

— ¡*Obergefreiter*! —¡Cabo primero!—. Me encanta ese empeño que pone usted para quedar bien con las instituciones. ¡Es encomiable! —le halagó Willy con ironía—; pero aquí se trata de todo lo contrario. La que vamos a liar va a producir ampollas y hacer sentirse incómodo a más de uno, ¡del poder!, y te reitero: La autoridad a la que fuésemos —probablemente un antiguo miembro del partido o colaborador, como la mayoría de los alemanes, del régimen de Hitler— nos recibiría con muy buenas palabras a las que luego seguiría una engorrosa investigación oficial que se llevaría a cabo con desgana, como para cubrir el expediente.

—Pero, mi capitán —le espetó de nuevo Walter—, hay personas muy honradas, ¿por qué no nos van a ayudar? Pueden investigar con nosotros.

—En el plano de la eficacia, no recibiríamos nada a cambio. ¿Tú te crees que el fiscal, y no digamos ya la policía, conseguirían investigar sin que se produjesen filtraciones? Pondríamos sobre aviso a un antiguo SS, con muchos camaradas vivos, a quienes seguramente recurriría, al menos al principio. Luego, cuando todas las coartadas estuviesen montadas, sería mucho más difícil descubrir su falsedad, tanto para nosotros como para el propio fiscal.

« ¡Joder, muchacho! —zanjó Willy, golpeando la mesa con violencia—. La verdad es que no sé cómo puedes plantearte que vayamos ahora al fiscal, a las fuerzas de ocupación o a quien sea;

sin tener todo atado y bien atado. ¡Sería suicida! Aunque a corto plazo nos sintiéramos muy bien, como «buenos y honestos ciudadanos». ¡Venga hombre!, ¡no seas ingenuo!, ¿quieres poner a la fiera sobre aviso?

—No siga, capitán, es suficiente —reconoció Walter, a quien la sólida argumentación de Willy le hizo por fin tirar la toalla—. Sólo quería aportar una idea más —añadió tímidamente.

—Perdóname si he sido demasiado agrio en mis argumentaciones —se disculpó Willy—. Debería agradecer tu intervención. —Luego, dirigiéndose a todos, añadió—: Hemos puesto un tema espinoso sobre la mesa, y he dicho lo que pienso, pero si decidís que lo pongamos todo a disposición de las autoridades, lo hacemos, y acabamos aquí. Yo, solo, no puedo con la operación Némesis.

—No, capitán, radicalmente no —dijo Klaus enarcando las cejas y negando con la cabeza—. Lo prudente en este caso es, justamente, ocultar nuestras investigaciones todo lo que podamos y beneficiarnos luego del efecto sorpresa, como en la guerra. Se trata de dar un golpe de mano cuando menos se lo espere el enemigo y, de eso, nosotros sabemos mucho.

—Por mi parte, ¡ni hablar! —exclamó Bukovsky, haciendo un signo obsceno con el dedo índice de su mano izquierda—. La investigación la hacemos nosotros, que tenemos voto de silencio.

— ¡Bajo ningún concepto! —añadió Thomas Schulze con vehemencia.

—No voy a decir lo que me gustaría hacer—terció Waldemar, haciendo un gesto muy significativo con su mano en el cuello.

—Estoy con ustedes —concluyó Walter con la voz apagada, pero asintiendo inequívocamente con la cabeza.

Después de este desagradable inicio, Willy, que no estaba de buen humor, a causa de su último y tempestuoso encuentro con

Ilse, de quien no había vuelto a saber nada, empezó con el reparto de tareas.

Bukovsky estaba muy motivado, como lo acababa de demostrar y quedó también claro en la primera reunión del Hotel Stackel. Ahora se trataba de seguir la pista del metal precioso. ¿Lo habría fundido X en lingotes más pequeños, o lo habría vendido tal cual, con las marcas que acreditaban su procedencia? Había que saber también, quién pudo cambiar el oro por dinero cuando Peckmann montó su empresa, en 1947.

—Albert, tienes que hacerte pasar por alguien que tiene oro en lingotes, de las dimensiones más usuales, y desea venderlo para realizar importantes negocios. Obviamente, sobre el origen del oro no podrás dar mucha información, tendrás que hacerte el remolón, imaginarte que eres X; ponerte en su lugar. ¡Ese es el secreto!

—Yo creo que esa labor es más de tipo técnico, capitán. Quizás convendría que la realizase Klaus.

—Ya he pensado en eso. Pero tú eres una persona que transmites confianza, un bávaro cervecero y simpático —si me permites —, acostumbrado a conseguir las cosas donde otros no pueden. Te manejas muy bien en las relaciones públicas, con todo tipo de personas; ahí reside la clave.

— ¡De acuerdo, capitán! Sólo era una sugerencia.

—Albert, yo creo que la hipótesis de eliminación de las marcas que hay en los lingotes es la correcta; así que deberás enterarte también de las empresas o de las personas que se dedicaban después de la guerra a la fundición legal o ilegal de metales preciosos. ¿Cómo iba a dejar el Objetivo X que figurase el origen del oro grabado en cada pieza?

—Me parece buena idea, capitán, me gusta. Me dirigiré a bancos, cajas de ahorro, joyerías, casas de cambio, es decir, a los conductos oficiales o legales, pero también habrá que sumergirse en el mundo del hampa. ¡Haré una interpretación magistral! Todo sea por Funke y los otros. ¡Joder, capitán, que huevos tenía Funke! ¡Qué sangre fría! Voy a tratar de imitarle, ¡él y Hans eran los mejores! La única dificultad es que tendré que administrar mi tiempo, pues tengo que atender mi trabajo en el restaurante; pediré una semana de vacaciones... o ya me inventaré algo.

—Muy bien, Bukovsky, ya sabía que podía contar contigo. No tengo ni que decirte que cuando vayas a entrevistarte con gente, digamos dudosa, estaremos todos ahí contigo, si hace falta. —Luego, con firme convicción, añadió dirigiéndose a todos—: No se deja a ningún camarada en la estacada, aunque tengamos que arriesgar; aunque tengamos que dejarnos el pellejo. Tenemos que seguir el ejemplo de Funke, cuando en Rusia cogía los *Panzerfaust* y se lanzaba, echándole un par de cojones, contra los terribles T34 rusos para salvarnos a todos.

Consciente de nuevo de lo que les estaba pidiendo, Willy dejó las cosas en claro una vez más: "Os lo digo de nuevo con toda franqueza: si alguien no tiene arrestos para hacer lo que haya que hacer, es mejor que no participe; simplemente que se vaya ahora. Os he llamado a vosotros porque sois los mejores camaradas, los más valientes y dignos de confianza."

—Capitán, ¡cuente conmigo! —afirmó Bukovsky con decisión.

— ¡Conmigo también! —asintió Waldemar cuadrándose militarmente.

—No le voy a defraudar —dijo Thomas Schulze al tiempo que negaba con la cabeza.

— ¿Qué puedo yo añadir a lo que aquí se ha dicho? —preguntó por último Klaus Zimmermann—. Esa estúpida guerra me persigue todavía y quiero liberarme. ¡No le he fallado, capitán! Ahora, tampoco voy a hacerlo.

— ¡Yo también estoy con usted! —exclamó Walter decididamente, ya repuesto del rapapolvo que le había echado Willy.

—Muy bien, señores, entonces continuemos con el reparto
de tareas.

El turno le llegó a Thomas Schulze. A él le encomendó que
acudiera a los registros públicos, para obtener datos sobre la
empresa de Peckmann la *PWG Aktienbaugeselchaft* y sobre su
actividad, también vía informes bancarios e incluso personándose
en las oficinas de la firma.

—Schulze, creo que sería muy interesante que te pasaras por
la sede de la compañía de X en Duisburgo. Tú verás cómo te
organizas. Lo importante es no levantar sospechas y obtener la
máxima información. Por ejemplo, podrías hacerte pasar por un
Flüchtlinge —un refugiado— de la Alemania del Este que dispone
de fondos procedentes de una herencia en la República Federal, y
que quiere invertir en negocios inmobiliarios. En esa ciudad, este
tipo de negocios están a la orden del día. Si hay dinero, las
oportunidades de inversión no faltan, pues se derriba, construye y
reconstruye a ritmo vertiginoso; y si no que se lo digan a X.

—Me parece bien, Capitán.

Luego le tocó a Waldemar. Su arrojo suicida y sus reacciones
inesperadas, no exentas de humor más bien negro, venían al dedillo
para la operación Némesis. Al menos eso era lo que pensaba Willy,
en medio de una cierta incredulidad y temor por parte de los demás
presentes.

Cuando el capitán se dirigió a él, todos enmudecieron. En
sus mentes se dibujó la terrible escena ocurrida nueve años atrás, en
octubre de 1943, cuando se encontraban en las trincheras
ucranianas después del segundo ataque. «Si el capitán hubiese
hecho caso a Waldemar con su propuesta de la carga suicida, no

estaríamos aquí —pensaron la mayoría mientras una sensación de sudor frío les recorría la espalda; algo parecido a una sensación de muerte».

— ¡Waldemar!

—¡*Jawohl, Zu Befehl mein Hauptmann!* (¡De acuerdo, a sus órdenes mi capitán!) —respondió con una media sonrisa que se transformó rápidamente en una sonrisa abierta, mientras sus ojos recorrían con descaro las caras lívidas de sus compañeros.

Entonces, el capitán no pudo evitar descontrolarse. Tanto el silencio glacial que se había producido, como la reacción de Waldemar Simka, acababan de crear una escena que conjugaba magistralmente la tragedia con la comedia.

— ¡Joder, Waldemar!, ¿serás cabrón? Si llegamos a hacerte caso no estaríamos aquí. Habría más viudas y huérfanos, más familias de luto; y no habríamos conseguido nada —le reprendió Willy en voz alta, expresando un pensamiento que le salía del alma y que provocó de inmediato las carcajadas histéricas de los presentes.

Luego, el capitán se dirigió relajado a todos:

— ¡Maldita la gracia que tiene! Bueno, señores, ya está bien. Ya ven que también estamos disfrutando juntos, como debe ser ¿Por qué no? ¿Acaso X, el cabronazo, no se pega la buena vida? ¡Qué disfrute mientras pueda! Nosotros vamos a por él, sin piedad ni perdón, ¡caiga quien caiga! —Dirigiéndose de nuevo a Waldemar, le dijo—: Tú estarás en la reserva. Eso no significa que no seas importante, mi querido amigo. Simplemente tendrás que armarte de paciencia, hasta que surja la misión imposible — concluyó, mientras con afecto apoyaba sus manos en los hombros del ex soldado.

—De acuerdo, mi capitán. Le agradezco que haya contado conmigo. Ya sé que, a veces, no puedo controlar mis reacciones; pero es así, no puedo evitarlo.

—Pues entonces, eres nuestro hombre. Te activaremos cuando llegue el momento. Entretanto, y esto vale también para todos —añadió el capitán—, no debéis comentar nada de lo que nos traemos entre manos. ¡A nadie!, ¡ni a la propia familia!, ¡ni a los amigos!

—Vivo sólo, mi capitán, al menos por el momento, mientras no vuelva a Praga. Como no se lo comente a mi perro.

— ¡Ni a tu perro, Waldemar!

—A sus órdenes, mi capitán —afirmó con convicción... nunca sabremos si real o fingida.

Luego le llegó el turno a Walter. El magnífico tirador, dotado de gran valor, era al mismo tiempo una persona muy reflexiva y también un experto dibujante que cuidaba al máximo todos los detalles. Esta habilidad era la que en esos momentos interesaba más a Willy.

—A ti, Walter, te voy a dar un trabajo de precisión. Tendrás que prepararnos documentación falsa, cuando la necesitemos. Luego ya veremos. Tienes que esmerarte de tal forma que sea imposible dudar de su autenticidad.

—No se preocupe, capitán, me emplearé al máximo y no se notará la diferencia.

Finalmente se dirigió a Klaus, que estaba asistiendo a todo el proceso de asignación de tareas con algo de distanciamiento, como era habitual en él en estos casos. Pero antes, Willy se quedó mirándole fijamente de una manera que traslucía una cierta complicidad.

— ¿Y usted, Klaus? ¿Nos puede hacer partícipe de sus pensamientos? No le veo muy entusiasmado.

—Siempre he sido un tanto escéptico, capitán. Es un mecanismo de defensa; pero casi nunca me ha fallado. Quiero que seamos todos conscientes de que nuestras probabilidades de éxito no son muy grandes. De esta manera, cuidaremos todos los detalles, y si las cosas no salen como esperamos, el golpe no será tan duro. Dicho esto, me pongo a su disposición.

—Muy bien, Klaus. Está bien que alguien como usted nos haga mantener los pies en tierra, que nos arroje un jarro de agua fría de vez en cuando. Efectivamente, todo es muy bonito en el mapa pero, como todos sabemos, *el mapa no es el territorio*. Nos vamos a encontrar con dificultades, espero que no insalvables. Luego tenemos que contar también con el azar, Dios, las fuerzas de la naturaleza... o lo que sea.

— ¡Capitán!, quisiera poder ayudar en todo lo que sea preciso. ¡No me importa bajar a la arena! Quiero que tenga claro que no voy a escurrir el bulto, ¡ya me conoce!

Y bien que le conocía Willy. Klaus era el más inteligente, el aparentemente más frío, y el que asumía toda la responsabilidad en la compañía 150, después del capitán. Así lo demostró con el propio Peckmann, al derribarle de un puñetazo y relevarle del mando, evitando que la Compañía se rindiera ignominiosamente a los rusos. Por eso, Willy le consultaba todo y le apreciaba mucho.

—Creo que tú debes encargarte de la coordinación *en frío* de la operación. Además, si me pasa algo, Némesis debe seguir contigo —le dijo tuteándole deliberadamente, como hacía a menudo para demostrarle su confianza y también su amistad—. Luego, muy serio, añadió—: Sargento mayor, cada quince días, Thomas, Bukovsky, Walter y yo mismo le iremos informando de nuestras pesquisas. Usted irá atando los cabos y pensando en otras acciones.

—Ok, Capitán.

—Podría también ponerse en contacto con las autoridades de ocupación. Quizás, a través de ellos, pueda localizar a los antiguos oficiales de alta graduación de la Wehrmacht que tuvieron conocimiento de la situación del frente y de nuestra compañía, así como de las órdenes de evacuación y demás circunstancias. Es importante acreditar esa información para poder demostrar que el ataque soviético no fue fruto de la casualidad.

—Ok, Capitán, nos ponemos en marcha, pero antes quisiera pedirle que me deje acompañar a Bukovsky en sus pesquisas por los bajos fondos. Ese mundo misterioso y cabrón me atrae, pero es peligroso, y por eso creo que esas *gestiones* deben hacerse a dúo, como mínimo.

—Tienes razón, no había caído en la cuenta. Además, Bukovsky, más temperamental, y tú, más cerebral, os complementáis de maravilla. —Por último, Willy se dirigió a todos—: Muchachos, cualquier idea que se os ocurra será bienvenida; siempre que nos ayude a desenmascarar al traidor y reducir al mínimo los riesgos que podamos correr.

Finalizada la reunión, cada uno de los camaradas se alejó del hotel con discreción, tratando de llamar la atención lo menos posible. Las líneas de acción estaban trazadas y las tareas repartidas. Ahora sólo había que trabajar y esperar a que madurase la fruta, para luego recolectarla... y... comérsela. Sin embargo, cuando por la *Autobahn* —la autopista— Willy volvía satisfecho a Karlsruhe, no pudo evitar sentir una cierta amargura, pues Ilse no había cumplido con su promesa de llamarle antes de la reunión del hotel Stackel. « ¿Significará su actitud el final de nuestra relación? —se preguntó desesperanzado—, ¡qué pena!, ¡qué difícil es todo en este valle de lágrimas!».

A medio camino, se detuvo en una gasolinera para repostar.

Realizada la operación, se dirigió al bar que estaba al lado. Mientras tomaba un café, empezaron a sonar las notas de *Girl of my dreams* —La chica de mis sueños—. «¡Vaya! —pensó sorprendido— ¡Parece que está hecho adrede!, ¡me han leído el pensamiento!».

Entonces estuvo tentado de llamarla. Era lo que más deseaba en esos momentos; pero se resistió. «Si claudico ahora, si muestro debilidad —continuó diciéndose—, va a ser contraproducente. Es mejor esperar... Luego, cuando pase el tiempo, puedo

telefonear para ver que tal está; aunque ya no sea lo mismo. Esta situación hace muy difícil que podamos continuar como antes... ¡Cuántas frustraciones nos depara la vida!, pero una más, aunque sea muy dolorosa, no va a hacer cambiar mi actitud».

***

Los bajos fondos

Celebrada la reunión organizativa, Albert Bukovsky fue el primero que se puso en marcha con las pesquisas, en la medida que se lo permitían sus ocupaciones habituales en el restaurante de Hamburgo, donde trabajaba como cocinero. Por suerte, convenció a su jefe para que uno de sus hermanos, que también era experto en las labores culinarias, le sustituyese unos días con la excusa de tener que atender un asunto personal que no admitía demora.

Las investigaciones empezaron en la propia ciudad de Duisburgo y sus alrededores, que era donde Peckmann tenía su empresa. Los bancos visitados —en los que Albert se presentó bajo una identidad falsa— le dieron muy escasa información. Cuando preguntaba dónde fundir y transformar los lingotes, que decía poseer, en otros más pequeños; qué tasas tenía que pagar; las declaraciones administrativas que tenía que presentar; o dónde podía vender el oro, etc. ; a los bancarios no les hacía ninguna gracia. En algunos casos, los encorbatados y pulcros empleados que le atendían, se sonrojaban, se ponían nerviosos y sudaban; pues no estaban acostumbrados a los requerimientos que, con tanto desparpajo, les hacía el bávaro, que en el fondo se encontraba a sus anchas con el papel asignado. Para interpretar mejor su comedia, Bukovsky, amante del arte escénico, se había caracterizado con gran esmero. Con su cabeza calva, su panza cervecera, un gran bigote postizo, un bello traje de lana con diseño de cuadros a lo Príncipe de Gales y un elegante sombrero tirolés, Albert encarnaba al tipo clásico del negociante en quien no sabes si puedes confiar pero que, al mismo tiempo, te cae simpático por su carácter campechano, su aspecto bonachón, y su mirada sonriente.

Pero a pesar de todos los preparativos, las gestiones bancarias no dieron los resultados esperados. Entonces, Albert se cansó y se dio cuenta de que, por ese camino, no iban a ningún lado.

— ¡No hay nada que hacer, Klaus! ¡Estos tíos no dicen nada!, sólo que debes rellenar este o el otro impreso; que es preciso hacer una petición formal, porque la tenencia de oro debe estar declarada y registrada; y que, si no es así, ellos no se hacen cargo. En cambio, los muy cabrones, si vienes con dinero, no te ponen ninguna pega para abrir una cuenta, ni te hacen preguntas sobre su origen. Evidentemente, los tiempos del patrón oro ya han pasado, y no es tan fácil convertir los lingotes en dinero. En resumidas cuentas, no quieren complicarse la vida y van al negocio fácil, como todo hijo de vecino.

—En cierta medida es lógico —comentó Klaus—. Ninguna empresa legal va a comprar o recibir en depósito un cargamento de oro de dudoso origen, ni menos asesorar para su transformación, sin rellenar unos cuantos formularios. Estamos aprendiendo mucho, Albert, y ya ves que no sueltan prenda.

—Pues entonces, *Oberfeldwebel,* ha llegado la hora de sumergirnos en el mundo de los bajos fondos.

—Te acompañaré entonces, camarada, ¡más te vale! Pues dos nos defenderemos, incluso dialécticamente, mejor que uno.

— Menos mal que hacemos piña, como en la guerra, si no esto sería imposible. Creo que no estaría de más que llevásemos armas.

—Sí, será lo mejor. Avisemos de todo al capitán para que conozca nuestros movimientos, por si nos pasa algo.

—Ok, mi sargento.

A la semana siguiente, Klaus y Bukovsky se internaron en las zonas más *dudosas* de Duisburgo, visitando los más sórdidos cabarés de la ciudad. Para dos soldados que habían tomado parte en una guerra despiadada y larga; que habían experimentado la *mierda* de las trincheras, aguantando la tensión derivada de los ataques soviéticos; que habían estado, en definitiva, en primera fila, sin escurrir el bulto; el tema no les impresionaba. Pero eso no les hizo descuidar sus espaldas pues, en esos sitios, nunca se sabía.

Una de las tácticas que adoptaron en sus indagaciones fue la de no tratar de abarcar demasiado.

—Como vayamos a cinco o seis antros en una noche — matizó Bukovsky—, lo más seguro es que no lleguemos a trabar *confianza* con los camareros o con algún cliente que nos pueda informar. Yo creo que debemos especializarnos y acudir a un máximo de cuatro por semana.

Siguiendo este criterio, el cuarto día que dedicaban a estos menesteres, un sábado del mes de abril, visitaron un club nocturno llamado *Die rotte Fahne* —La Bandera Roja—. A pesar del nombre, el título se refería, no a una bandera comunista sino, más bien, al límite extremo que no hay que traspasar. Por ejemplo, el que pone el jefe de una estación ferroviaria al desplegar su banderola roja, para que la vea el maquinista y no salga el tren de la estación por una vía ocupada.

Dentro del tugurio, la primera actuación programada para la velada acababa de tener lugar. En el interludio, la orquesta, que estaba a la última, interpretaba un alegre Boogy, el Tennesy saturday night, que hacía furor en Estados Unidos y cuya música melodiosa y rítmica parecía hipnotizar a los numerosos clientes que se encontraban en el local. Por fin, Klaus, que esa noche había tomado la iniciativa, pues Albert estaba ya un tanto deprimido al no obtenerse ningún resultado, había encontrado a su hombre.

—¿Y dice usted que conoce a un tal Jürgen *Cara Cortada* que realiza transacciones, digamos, delicadas? —preguntó el ex sargento, poniendo cara de sumo interés y hablando en voz baja.

— ¡De todo tipo, amigo! ¿Quiere mujeres?, ¿quiere cobrar una deuda por métodos expeditivos?, ¿quiere presionar? Cara Cortada se lo consigue —le respondió el mesero que atendía detrásde la barra y seguramente andaba buscando la anhelada comisión, haciendo propaganda, es decir, exagerando o engañando en gran medida sobre las posibilidades de su *asociado*.

— ¿También armas?

—Sí, tiene algunas, sobre todo pistolas, y a buen precio, pero si me permiten —añadió bajando el tono de voz y acercándose a sus dos clientes, mientras miraba receloso a izquierda y a derecha—, creo que éste no es el momento ni el lugar adecuado para hablar de ello. Si quieren, nos podemos encontrar en mi casa mañana domingo, que es mi día libre, a eso de las ocho de la noche; Jürgen estará allí ¿Les parece bien?

—De acuerdo —asintió Klaus—. Luego, lanzando a su interlocutor una mirada fija y fría, de esas que hielan la sangre, añadió—: ¡Pero nada de trampas, eh! Acuérdate que he estado cuatro años en la guerra. He visto la muerte de cerca, ¡muchas veces! Y me he llevado por delante a unos cuantos... sin ningún problema. De hecho, estoy viviendo de regalo y no tengo nada que perder —finalizó mintiendo para impresionar a su oponente, a quien se le torció el gesto.

— ¡No exagere!, yo sé con quién me trato. Sólo quiero mi comisión y olvidarme del asunto —concluyó el barman, que se empezaba a sentir muy incómodo con la conversación.

Al salir del cabaret y fingiendo seriedad, Klaus se dirigió a Bukovsky que había permanecido mudo durante el *diálogo* con el camarero: «Ese Cara Cortada es como tú, Bukovsky. Te consigue ¡todo lo que quieras!».

— ¡Qué simpático es usted, sargento! —le contestó el aludido con ironía—. Ese cara de palo se parece a mí, como yo me parezco a una hiena, es decir, nada. Ese tío no tiene escrúpulos. Seguro que es capaz de vender a su hermana, o incluso a su madre, con tal de conseguir la plata.

—Por supuesto, Albert. Además, esa gente, con el tipo de vida que lleva, siempre al borde del precipicio y juntándose con lo más granado del hampa, no suele vivir muchos años. Tarde o temprano acaban en el trullo, desaparecen, o aparecen muertos en un callejón, por una sobredosis, una deuda pendiente, o porque se han ido de la lengua.

—Pues mañana nos zambulliremos en ese mundo. Por cierto, Klaus, ¿ha leído usted la novela Doctor Jekyll y Mr. Hyde, de Stevenson?

—Sí, pero hace ya mucho tiempo.

—Allí se habla de nuestro lado malo o, mejor dicho, malísimo. Espero que en esta aventura no lo descubramos y, si lo hacemos, confiemos en que no se apodere de nosotros, como le pasó a Henry Jekyll.

—Creo que no voy a tener más remedio que volverlo a leer. Por cierto, Albert, me pica la curiosidad, ¿qué tipo de arma has traído?

—Una pistola Luger guardada en casa. Es de uno de mis hermanos que hizo la guerra hasta el final y pudo traérsela. No le he dicho nada, ni sabe que se la he quitado. Además, traigo una navaja automática. No estaría de más que usted llevase algún arma. — En ese momento, Klaus se arremangó el pantalón y enseñó a Bukovsky una funda con su puñal dentro.

—Descuida, Albert. Lo más jodido del caso es que *hemos hecho ya* lo que tú sabes. ¡Que Dios nos perdone! Pero era en defensa propia.

—A mí, un hijo de puta de estos no me va a pillar desprevenido, aunque nunca se sabe.

—En principio, no debe de haber ningún problema pero:

95

«Hombre prevenido vale por dos», y ni tú ni yo nos dejaríamos matar sin luchar —concluyó Klaus, totalmente convencido de lo que decía.

**

Al día siguiente, los dos ex soldados, que previamente habían advertido a Willy de sus intenciones, se dirigieron a la dirección donde se suponía que el barman del establecimiento, junto con su amigo (!) Cara Cortada, les estaría esperando para hablar de *negocios*.

La calle estaba situada en una zona donde todavía se podrán apreciar algunas casas en ruinas, testimonios mudos de los terribles bombardeos aliados durante el conflicto bélico. La cuenca del Ruhr, centro neurálgico de la industria alemana, había sido muy castigada en la guerra y Duisburgo, junto con Dúseldorf, la capital del *Land*, y otras ciudades de la misma región, eran buena prueba de ello. Al acercarse al lugar, los dos camaradas ralentizaron su paso. Antes de entrar en el edificio, dieron una vuelta a la manzana por si detectaban algún movimiento sospechoso.

—La verdad, Bukovsky, es que yo no soy ningún experto en estas lides.

— ¿Y yo? A mí lo que se me da bien son el cuidado de mis vacas y la cocina. De esto, ni puta idea.

—Bueno, ¡que sea lo que Dios quiera! ¡Ataquemos!

Sin pensar demasiado en las consecuencias de su acción y siendo las ocho de la tarde, traspusieron el portal de la casa, un edificio muy maltratado y sucio cuyo aspecto no hacía presagiar nada bueno. Contradiciendo sin embargo esta primera impresión, y mientras subían las escaleras hasta la cuarta planta, desde uno de los pisos se empezó a oír una canción que identificaron rápidamente y les trajo bellos recuerdos: Rotter Mohn (Luna roja), de Rosita Serrano.

—Mira por donde, en el sitio más inesperado nos deleitan con una bella melodía. ¡Qué tiempos aquellos, en el 38! ¡Han pasado ya 14 años! —exclamó Klaus, gran aficionado al arte sonoro.

—Por lo menos, ahí tienen buen gusto para la música, de eso no cabe duda —apostilló Bukovsky, al tiempo que alcanzaba el rellano de la cochambrosa planta del bloque donde se supone debían de estar esperándoles.

Sin titubear, llamaron repetidas veces al piso situado a la izquierda de la escalera, y nadie les contestó. Después de una tensa espera, alguien corrió la mirilla de la puerta y una voz conocida, la del mesero que les había atendido en el cabaret, se escuchó clara aunque un tanto apagada.

— ¿Son ustedes?

—Sí, somos nosotros. ¿Podemos pasar?

— ¡Adelante, el jefe les está esperando! —les respondió su *anfitrión*, al tiempo que descorría un cerrojo chirriante y abría la puerta.

El departamento no era un portento de limpieza. La verdad es que hacía juego con la mierda que había fuera. Klaus pensó en ese momento que, seguramente, éste no era el domicilio del barman, sino un lugar para llevar a cabo las *transacciones*. Dentro, olía muy fuerte, a una mezcla pestilente de ambiente cerrado y tabaco, de las colillas que no se tiran y que, permaneciendo días enteros en los ceniceros, expanden un hedor insoportable impregnando los muebles y la ropa.

Conteniendo a duras penas el asco y las náuseas, los dos recién llegados fueron conducidos a presencia de Cara Cortada. La siniestra estancia estaba apenas iluminada por una bombilla de filamento de carbón, cuya luz no parecía eléctrica sino más bien de candil o de vela. Al fondo de la habitación, sentado detrás de una mesa, se hallaba un hombre de mediana edad. Sobre su cara destacaba una gran cicatriz que cruzaba parte de la mejilla izquierda y los labios. Lucía además un parche negro sobre uno de los ojos. Su aspecto intimidante se veía acrecentado a causa de la neblina que le envolvía, producto del cigarrillo que estaba fumando y de otros, medio apagados, que atestaban un gran cenicero de alabastro, el único objeto en la mesa.

—Caballeros, les presento a Jürgen, más conocido como Cara Cortada.

El anfitrión no se levantó, ni dio la mano a los recién llegados, que tampoco hicieron ningún gesto en ese sentido. El recelo, la frialdad y el distanciamiento recíprocos, predominaban en una escena más propia de un encuentro de desconocidos en una cámara frigorífica, que de una reunión de negocios.

—Buenas tardes, señores. Wolfgang me ha comentado que están ustedes interesados en hacer tratos conmigo. Si es así, no perdamos tiempo; cuéntenme: ¿qué han venido a buscar?

—Mire, vamos a ser muy claros, nosotros tampoco queremos perder el tiempo. Tenemos fundadas sospechas de que este señor —declaró Bukovsky, mientras le enseñaba al mafioso las fotos que tenían de Peckmann, a quien señalaba con su dedo índice— ha comerciado, hace unos años, con un cargamento de lingotes de oro robados, con la marca de las SS y la palabra Kiev grabadas en cada barra. Creemos que ha sido aquí, en Duisburgo, aunque no estamos seguros del todo.

—No se ande por las ramas y concrete ya su propuesta.

—Necesitamos la mayor información sobre este hecho, ya que nuestra intención es llevar ante el jurado a ese individuo, acusándole de varios crímenes que ahora no viene al caso comentar. Concretamente, tenemos que demostrar, a ser posible con testigos, que vendió el oro y probablemente lo fundió antes para no dejar rastro de su origen. Estamos dispuestos a pagar bien sus servicios. Aquí tiene un pequeño informe con la identificación y los datos que tenemos del objetivo».

Después de examinar detenidamente el dosier que le habían preparado, Jürgen tomó la palabra:

—La verdad es que ustedes me sorprenden. Wolfgang no me había comentado nada de esto. ¿Pero qué se han creído? Me hablan de un cargamento de oro de las SS, ¿y me están pidiendo que haga de soplón? Es un asunto sumamente peligroso. ¿Saben cuánto cuesta eso?

—Ni nos creemos, ni dejamos de creer. Si está utilizando una táctica para subir el precio, no pierda el tiempo —afirmó esta vez Klaus—. Pertenecemos a un grupo numeroso y el dinero, en principio, no es problema.

Entonces, cambiando de táctica y halagándole, le preguntó: ¿Cómo no va a conocer usted a las bandas que trabajan en esta zona? ¿Cómo no va a poder averiguar que, hace cinco o seis años, alguien aparece en su ciudad con mucho oro en lingotes, lo funde para ocultar su origen, y lo vende? Usted conoce a todos los que recogen el oro de las fechorías que se cometen, ¿o no?

— ¿Es usted muy osado, Herr...?

—Dieter, Dieter Wenck —le respondió Klaus, que ya había pensado en un nombre falso antes de la entrevista.

—*Herr* Dieter, usted trata de desvelar un secreto que debe de estar muy bien guardado. Hay líneas rojas que no se pueden traspasar.

— ¡No nos venga con mandangas! Usted está acostumbrado a vivir con el peligro. Nosotros, hace años, también. No le pido nada que no sepa hacer... con sus...*medios*.

— ¿Y cómo sé que no son policías o detectives que tratan de tenderme una trampa? —les espetó mientras se llevaba la mano a uno de los bolsillos interiores de su chaqueta.

—Yo que usted, Jürgen, no metería más la mano en la chaqueta y la sacaría despacito —dijo Bukovsky, mientras introducía la suya derecha en el interior de la gabardina.

— ¡Qué susceptibles son ustedes!, sólo estaba buscando mi petaca —recogió velas Cara Cortada al tiempo que reía, enseñando dos dientes de oro relucientes, que hacían a su cara aún más repulsiva.

Luego, mostrando con su mano izquierda una elegante y reluciente pitillera, también de oro, añadió—: Comprenderán que necesito estar seguro de ustedes, antes de que sigamos adelante y les haga una oferta. Por mi parte, señores, si no tienen más que añadir, la conversación ha terminado. Ya les avisaremos después de realizar ciertas comprobaciones; Wolfgang se pondrá en contacto con ustedes en el cabaret.

Concluida la entrevista de ese modo brusco y despreciativo, Albert y Klaus fueron acompañados por el Barman de la Bandera Roja hasta la puerta donde, haciendo guardia, se encontraba otro hombre con cara de matón. Wolfgang se despidió con un: « ¡Hasta la vista!, ¡quién sabe!», que les dejó un tanto desconcertados. Finalmente, los dos abandonaron el piso con gran descanso de sus almas... y de sus narices.

Su primera incursión, en el mundo del hampa, había terminado con resultados inciertos y una espera obligada y tensa, que no permitía hacerse muchas ilusiones.

***

Las dudas de Ilse

Ilse no atravesaba por sus mejores momentos. Su último encuentro con Willy, en el Wiener Kafee de Hamburgo, no había sido nada agradable y le había dejado un sabor de boca muy amargo. Por un lado estaba su tendencia a la prudencia, a la seguridad y al pragmatismo, que tantas veces le había evitado problemas, especialmente durante la guerra; por otro lado y al mismo tiempo, su atracción hacia el capitán pesaba mucho. Lo cierto es que una vez tomada una decisión, Ilse era capaz de arriesgar e involucrarse a fondo.

Ahora tenía que enfrentar sus dos tendencias, para ver hacia dónde se inclinaba el fiel de la balanza, y el tiempo no era su mejor aliado. —Sin contacto, las relaciones se enfrían y al final sólo se convierten en un vago recuerdo, deformado por el subconsciente o transformado en la memoria, que cubre los malos momentos con un halo de olvido, o los reconstruye benignamente—.

« ¡No tengo por qué meterme en este lío!», le decía su yo más razonable y cómodo, pero al poco rato, otra parte de su cerebro daba un giro de 180 grados: «Si le quieres, si quieres que sea tu hombre y el padre de tus hijos, tienes que arriesgar. ¡No puedes dejarle sólo!».

Se hallaba en esa encrucijada, cuando ocurrió un hecho insólito que iba a influir radicalmente en su decisión. Un día, mientras trabajaba en el turno de mañana, ingresaron en el hospital a un hombre de unos cuarenta años. Estaba muy grave, pues tenía un tiro en la cabeza.

Transcurridas unas cuantas horas desde su hospitalización y movida por la compasión, aunque también por la curiosidad, Ilse se interesó por el estado del paciente. Estos casos eran ya infrecuentes, después de la ola de asesinatos y suicidios del final de la guerra y los meses posteriores.

—Vivía solo. Ha venido a visitarle una conocida que es amiga de su familia —comentó la enfermera de planta que estaba a su cuidado—. Me ha dicho confidencialmente que, al parecer, durante la guerra, este señor ayudaba a los judíos a esconderse y a obtener documentación falsa para huir de Alemania. Lo mantuvo en secreto y consiguió no ser detenido por la *Sipo* (la policía de seguridad del Reich). Después de la guerra, cuando su familia se enteró, sus parientes le hicieron el vacío, pues estaban muy identificados con las doctrinas del régimen. ¡Incluso sus hijos dejaron de hablarle! Además se encontraba sin trabajo y se había dado a la bebida. —Finalmente, en un tono mecánico y poco convincente, que dejaba traslucir cierta cruel ironía, añadió:

—Es una lástima, no ha podido superarlo… según el informe que nos ha llegado de la policía, se ha intentado suicidar. —Los días siguientes, mientras el pobre hombre se debatía entre la vida y la muerte, unos desconocidos vinieron a visitarle. Se trataba de miembros de una organización judía. Muy emocionados, estuvieron un buen rato con el paciente. Ilse pudo platicar con ellos en una habitación contigua:

— ¿Cómo era durante la guerra?

—Sólo puedo decir que era un ángel —le comentó el mayor del grupo—, una persona muy humana y sensible. A mí me escondió, sin pedirme nada a cambio. Decía que estaba avergonzado de lo que estaba pasando, que pensáramos que también había alemanes buenos que se hacían cargo de la situación y trataban de ayudarnos. En aquel entonces me salvó la vida; ahora, lamentablemente, sólo podemos rezar por él.

—Su familia y la mayoría de sus amigos no han querido saber nada —le contó otro de los visitantes—. Le han abandonado casi todos en los peores momentos, cuando más ayuda necesitaba... y no ha podido superarlo.

— ¡Qué horror!, ¡no hay derecho!, —exclamó Ilse, a quien las palabras le salían de lo más hondo del corazón.

—Suele ocurrir, no es el primer caso —intervino de nuevo el mayor—. El alma humana es muy ingrata, pero le puedo asegurar que él va a estar en el paraíso por el bien que ha hecho; es un *Hasidei Ummot Ha-Olam* (un justo entre las naciones). Si Dios no lo remedia, pronto dejará de sufrir y alcanzará la gloria. La lástima es que personas, tan válidas para la humanidad, tengan que desaparecer tan pronto; mientras otras, que han tenido comportamientos malignos, continúan disfrutando de la vida como si nada hubiese pasado y, si pueden, vuelven a cometer fechorías.

A los pocos días de la visita, el hombre murió y, *porca miseria*, al funeral sólo acudieron su amiga, los amigos judíos que le habían visitado... e Ilse.

**

Willy no esperaba ya la llamada de Ilse. Sus relaciones se habían enfriado mucho. Un muro de silencio, en el que sólo hablaba el orgullo, se erigía ahora entre ellos, queriendo poner término a algo que apenas había empezado a germinar.

Al sonar el teléfono, en la oficina a la que él acudía todos los días para hacer frente a los negocios de la familia, se sobresaltó y tuvo un presentimiento: «Es ella» —pensó.

En efecto, al otro lado de la línea se oyó la voz suave y femenina de Ilse.

— ¿Cómo estás, Willy? ¿Tienes un rato para hablar conmigo? —A Willy le dio un vuelco el corazón, su pulso se aceleró y, durante unos segundos, se quedó mudo, sin reaccionar.

— ¿Qué es de tu vida? Hace más de un mes que no sé nada de ti. Ya pensaba que te habías olvidado de este pobre sufridor —arrancó por fin.

—Tú sabes que no puedo olvidarte tan fácilmente… es más, ¡no quiero olvidarte!

— ¿Y eso? —interrogó él con un tono de fingido asombro.

—He estado pensando en todo lo que me dijiste; luego también en mí, ¿por qué no admitirlo? Te voy a ser sincera, si queremos llegar a algo que puede ser muy bonito en el futuro, y no perder el presente que, en definitiva, es lo único que tenemos, hay que arriesgar: si has de recibir, has de dar, de una u otra manera.

—Me gusta, ¡me encanta lo que dices! —exclamó Willy, a quien las palabras de Ilse sonaban a música celestial, y surgían como un oasis prometedor, después de la travesía por el árido desierto que había supuesto el alejamiento temporal de su amada.

—Yo quiero recibir mucho de ti, de tu compañía, de tu experiencia, de tu dominio de las situaciones —confesó ella, consciente de que en esos momentos se la estaba jugando con él—. Me gusta cómo eres… y no quiero perderte, no debiera hablarte así. ¡Te lo vas a creer mucho!

—Contigo no, pues luego das unos palos de *agárrate y no te menees*. Yo también tengo que ganarte día a día, quiero que me admires como yo te admiro a ti; es la única manera de conservarte. Lo que dices de mi dominio de las situaciones es un halago inmerecido. A veces me han dominado ellas a mí; pero también es verdad que, finalmente, al borde del abismo, he conseguido salirme de las que me estaban destruyendo. —Luego, volviendo al tema que les había separado, añadió—: Quiero que comprendas cuánto me juego en todo esto. Si no hiciese lo que estoy haciendo, me sentiría muy mal y arrastraría un enorme sentimiento de culpa, ¡toda la vida!

—Ya lo sé... Ahora escúchame, Willy: esto no es nada fácil para mí, pues tengo que hacer de tripas corazón. He decidido meterme en el ajo, a tu lado. No te voy a abandonar en las dificultades, cuando más me necesitas.

—Gracias Ilse, si te sirve de consuelo, yo estaré contigo en cada paso que des. Los demás, cuando se lo comunique, también; no me perdonaría nunca que te pasara algo.

—Bueno, dispara ya, ¿qué tengo que hacer?

—Como ya te conté, se trata de acercarse al entorno de Kurt Peckmann, por su lado más débil y quizás también más asequible —indicó Willy, todavía con la voz trémula del nerviosismo—. Parece que Dios no nos abandona y escucha mis plegarias. Me he enterado que el sábado 17 de mayo, el duque Von Lichtenwald da una fiesta de lo más sonada en su castillo de Tempelberg, con motivo de los esponsales de su hija Frida. Ha sido anunciada en la revista *Das rose Leben* (La vida en rosa), donde se ha hecho mención a algunos de los invitados de más renombre. Entre ellos, se habla de una tal Leni Peckmann; sólo puede tratarse de la esposa del objetivo X.

«Mi madre —prosiguió— está relacionada con esos círculos de la alta sociedad, pues conoce a la esposa del duque. He pensado pedirle que utilice sus influencias y consiga dos invitaciones. Debemos de suponer que el marido de Leni irá también, pero no estamos seguros. Yo te acompañaré a la fiesta, y juntos haremos la comedia. Por si acaso, para que Kurt Peckmann no me reconozca, me pondré una tupida barba postiza, me teñiré el pelo de un rubio brillante y llevaré además unas gafas de concha, sin graduación. Creo que será suficiente. ¿Qué te parece?... Aún estás a tiempo de retirarte, ¿sabes?».

— ¡Ni hablar! La decisión está tomada, me adhiero. Iremos los dos a la fiesta. ¡Que sea lo que Dios quiera! ¡Ah!, ¡por cierto!, tendremos que alquilar un bonito traje de noche. Para atraer la atención de Leni y su marido debo aparecer deslumbrante

—¡Por supuesto! —exclamó Willy con entusiasmo—, cuenta con ello. Mi madre te prestará además sus mejores joyas, que no tienen nada que envidiar a las de los Von Holdendorf o a las de los Von Lichtenwald. Tienes que ser la más bella de la noche; vas a ser nuestro cebo, en el buen sentido de la palabra —y añadió con firmeza—: Pero, quien te ponga la mano encima, habrá de vérselas conmigo.

—Si no estamos comprometidos, ¿qué exigencias son esas? —le reprendió ella en tono de broma.

—Me dejas muy tranquilo y satisfecho Ilse, vales mucho... Te quiero, de verdad.

—Yo también te quiero y espero que todo salga bien… hasta pronto amor —susurró con el alma llena de sosiego, mientras Willy, a su vez, suspiraba tranquilo y satisfecho.

***

Visita de negocios

Para Thomas Schulze, experto contable y administrativo en la vida civil, obtener datos sobre una empresa era una tarea casi rutinaria. Después de los hallazgos de Klaus y la investigación llevada a cabo por la empresa de detectives *Licht in Dunkel*, Thomas tenía suficiente información para abordar la misión que le había sido encomendada en esta segunda fase de la operación Némesis. Pero lo que no iba a hallar en los registros era lo que pudiera averiguar directamente del propio Peckmann. Por eso, lo primero que hizo fue darse una vuelta por la sede de la constructora que regentaba aquél, la *PWG Aktienbaugeselschaft* —Peckmann Edificios de Viviendas sociedad constructora por acciones—, para enterarse personalmente de todo lo que pudiera acerca del objetivo X.

Sobre la gran entrada del edificio, que debía de haber sido antes una fábrica, figuraban unas letras grandes y doradas con el nombre de la compañía. En las plantas superiores se alojaban las oficinas de la empresa. « ¡Vaya! —pensó Thomas, extasiado ante el rótulo desmesurado y pomposo, típico de un nuevo rico—. En esto de la utilización del oro no es Peckmann muy comedido. ¡Qué barbaridad! ¡Qué manera de llamar la atención!».

El siguiente reto era hacerse pasar por un posible cliente. Con el fin de llevar a cabo sus pesquisas, se había afeitado su pequeño bigote y teñido su abundante pelo, ocultando las canas que ya le empezaban a salir. Una perilla y unas largas patillas, completaban ahora el conjunto. Este cambio de *look* causó gran sorpresa y retintín en sus compañeros de la empresa comercial donde trabajaba en Stuttgart. No se podían ni imaginar los negocios en los que, Thomas, el pulcro, discreto y prometedor empleado, andaba metido. Además, Walter le había preparado unos papeles de identidad falsos, por si acaso. Su nueva personalidad respondía al nombre de Ferdinand Hogrewe, antiguo empleado de oficinas en una papelería de la República Democrática Alemana.

Se suponía que este señor había conseguido emigrar, hacía pocos meses, desde la Alemania del Este a la RFA —República Federal de Alemania—, concretamente a una ciudad cercana a Duisburgo. Allí, un pariente suyo le había dejado una pequeña fortuna, que quería invertir en bienes inmuebles. Pero a Ferdinand, que desconocía el sector inmobiliario, el dinero le quemaba las manos, y no sabía cómo manejarse.

Por ello, antes de materializar su inversión, tenía que disipar ciertos temores. En definitiva, un bocado muy goloso en toda época para cualquier promotor de viviendas; para los intermediarios que pululan en este tipo de operaciones; y también para los bancos que, como de costumbre, no arriesgan nada y suelen hacer la vida imposible a los incautos que caen en sus manos.

A Thomas, el papel le iba que ni pintado. Se desenvolvía muy bien en estas lides. De pequeño, había actuado con éxito en el teatro del colegio y, antes de enfilar hacia el objetivo, había preparado la acción con el sargento Klaus y con el propio Meinhof. Lo fundamental era aparentar ignorancia, no anticiparse demasiado en las conversaciones, y evitar las preguntas que no fuesen usuales en los temas inmobiliarios, o que incidieran con descaro en la vida personal de Peckmann. Después de registrarse en la recepción del edificio, Thomas fue acompañado por uno de los empleados a la primera planta, donde se proporcionaba información sobre un nuevo proyecto en un barrio recién construido de Duisburgo. Allí le recibió otro empleado de superior categoría:

—Buenos días, señor, ¿qué desea?

—Me han hablado de una nueva promoción de viviendas que ustedes están construyendo en...

El empleado le llenó entonces de folletos y le empezó a relatar las bondades de la oferta; lo feliz que iba a ser viviendo en el nuevo bloque de viviendas; todas las comodidades de que disponía;

el entorno envidiable que tenía; el nivel *tan distinguido* de los nuevos propietarios; y el precio tan interesante que se le ofrecía si compraba sobre plano —es decir, dicho con otras palabras, si financiaba el cliente a la empresa y se la jugaba.

Simulando no dejarse embaucar por el discurso interesado y cautivador del empleado de turno, Thomas, ahora Ferdinand Hogrewe, insistió para hablar con los directores de la empresa:

—Mire —le espetó al empleado—, estoy harto de que me cuenten generalidades o cosas que luego son ciertas sólo a medias. Además, ¡no quiero folletos!, ¡ni dípticos, ni trípticos, ni nada de eso! ¡Quiero hablar con el máximo responsable!

—Pero es que ése no es el procedimiento. La información la doy yo u otros empleados de esta área. Sólo excepcionalmente y para grandes negocios, se admite la entrevista a niveles superiores.

Entonces, Thomas cambió radicalmente de postura utilizando la táctica laudatoria: «Pero si lo más seguro es que les compre a ustedes varios pisos. ¿Qué más negocios quieren? Sus promociones me encantan y están acabadas con muy buen gusto. ¡Ojalá otros constructores imitasen su buen hacer en Alemania! En estas horas cruciales, la patria necesita mucho de ustedes para continuar con la reconstrucción nacional». —Estas palabras tuvieron el efecto de un bálsamo redentor, impresionando favorablemente a su interlocutor que, de inmediato, cambió de expresión:

— ¡No se ponga nervioso hombre! Voy a ver si pueden recibirle más arriba —dijo el empleado mientras se encaminaba al elevador que conducía a los pisos superiores. —Unos minutos más tarde, bajando sonriente por las escaleras, le comunicó a Thomas la buena nueva—: « ¡Vaya!, ¡es usted un hombre de suerte! Nada menos que el propio señor Peckmann, el dueño de la empresa, va a recibirle».

— ¡Gracias! —exclamó Schulze, haciendo chasquear los talones de sus zapatos, como si se tratase de un convencido militar que se cuadraba ante un oficial superior. Luego preguntó—: Por cierto, ¿sabe usted de algún banco por aquí cerca? Me refiero al banco con el que trabajen ustedes. Voy a abrir allí una cuenta.

—Sí, por supuesto, trabajamos con el Dresdner. La sucursal está a unos minutos de aquí, en la calle Baumgarten nº 35.

—Muchas gracias, es usted un pozo de sabiduría, *Herr...* ¿Cómo se llama usted?

—Robert, Robert Müller.

—Gracias de nuevo, Robert —concluyó Thomas, pensando lo fácil que era sacar información de la gente halagando un poco su ego.

**

A los pocos minutos, Kurt Peckmann bajaba a recibirle en persona. Thomas no pudo evitar sentirse un poco nervioso. Era la *Première,* su entrada en escena en la operación Némesis, un momento ciertamente estelar... pero peligroso. La pretendida seguridad de que hacía gala se tornó, por unos instantes, en la inseguridad de quien queriendo ocultar su verdadera personalidad no las tiene todas consigo y piensa que le pueden reconocer. «Preferiría estar en el *Weindorf* —pueblo del vino de Stuttgart— celebrando la fiesta del vino», pensó por unos instantes, antes de volver a reintroducirse en su papel.

Para evitar que su anfitrión pudiera sospechar algo, Thomas no miró directamente a los ojos de Peckmann; prefirió fijarse, sin pestañear, en un punto indefinido de la parte superior de su frente. Parece que el truco dio resultado y el director de la compañía no notó nada raro en su posible presa comercial. Después de los saludos de rigor, X le invitó a subir a su despacho. Allí, éste fue directamente al grano:

—Así que está usted pensando en invertir.

—Sí —respondió Thomas, mostrando su sonrisa más seductora—. Usted sabe que como un buen inmueble, no hay nada. De los bancos no me fío mucho: te prometen el oro y el moro, y luego todo son seguros, gestorías, comisiones y sorpresas, con las cláusulas de penalización, los saldos mínimos, las variaciones de los tipos de interés, y todas las mandangas que se inventan y te aplican, a veces por sorpresa, para sacarte el dinero. Luego están esos cálculos que no entiende nadie. De la bolsa, mejor ni hablar. El pequeño inversor tiene poco que hacer, ¿se enteró acaso a tiempo del crack del 29? Se trata de un campo para profesionales donde un buen día el curso de las acciones empieza a bajar, cuando hemos comprado alto. Entonces, sin la información a tiempo, no puedes reaccionar o, dicho de otro modo, las bajadas nos pillan con los pantalones caídos.

« ¡No! —concluyó meneando la cabeza o mejor dicho, la bola de pelo oscurecido y abundante en que ésta se había convertido, al tiempo que alardeaba de su vistosa perilla, acariciándola sin disimulo—. Yo prefiero algo tangible; nada de acciones, ni de participaciones, ni mucho menos de bonos estatales que no te rentan nada y encima te los pueden convertir en deuda perpetua.

—Me parece que coincidimos, Ferdinand. ¿Es usted consciente de que está en las mejores manos? —le preguntó Peckmann mientras sonreía y se relamía interiormente pensando que había barco, o mejor dicho, negocio a la vista sobre el que lanzarse como un buitre de garras afiladas, ávido de sangre fresca.

Thomas, que repuesto del nerviosismo inicial, empezaba a disfrutar con su papel, le siguió la corriente echando más carne en el asador y poniéndole los dientes largos:

— ¡Por eso!, señor Peckmann, ¡por eso quería conocerle! Había oído ya hablar de usted y de su empresa. Mire, de donde yo vengo, una pequeña ciudad de la *Ostzone* —Alemania Oriental—, lo fundamental para los negocios es la confianza. Para invertir tengo que estar seguro de usted y de su firma, tiene que convencerme de que lo mejor para mi es ponerme en sus manos.

—Concretamente, ¿qué quiere saber? Estoy a su disposición pero, por favor... llámeme Kurt —rogó utilizando un tono almibarado y meloso.

—Muy amable por su parte, Kurt. Entre otras cosas... lo que a mí me preocupa es la juventud de su compañía. El empleado, tan eficiente, que me atendió hace escasos minutos, me dijo que la *PWG Aktienbaugeselschaft* lleva sólo unos años dedicada a este negocio.

—Así es, nos establecimos en enero de 1947. Piense que yo estuve, imagino que usted también, dedicado a defender a nuestra sagrada Alemania. Después del cautiverio en Rusia, me puse a trabajar de inmediato, y la verdad es que tuve unos golpes de suerte que ayudaron a desarrollar el negocio.

—Pues usted debe de haberlo pasado muy mal. Los campos de prisioneros en la Unión Soviética no eran precisamente balnearios; más bien eran cementerios. Se lo digo por experiencia —añadió pensando, con rabia contenida, en la estancia de Peckmann en Moscú, disfrutando a buen seguro de un cómodo departamento, comiendo caviar, y bebiendo champaña en compañía de bellas mujeres rusas, como parte del pago en especie por su traición; mientras él y sus camaradas de la compañía 150 sobrevivían, a duras penas, pudriéndose en *las residencias rurales* que, con mucho cariño (!), les habían preparado los rusos.

— ¿Usted también estuvo en el *Ostfront*? (el Frente del Este) —inquirió Kurt con una mirada que, aparentemente, sólo manifestaba curiosidad.

—Por desgracia, sí, pero es un tema del que prefiero no hablar. Olvidémoslo mejor y centrémonos en la economía —zanjó Schulze, pensando que había metido la pata al hablar del Frente del

Este aunque, por otro lado, era muy normal que una gran parte de los soldados alemanes hubieran combatido en Rusia—. Lo que más me impresiona —continuó—, es su éxito fulgurante en los negocios. ¡Qué barbaridad! ¿Cómo ha sido usted capaz de montar, en poco más de cinco años, una empresa de este calibre?

—No estoy solo. La organización es una sociedad anónima por acciones. Hay otras personas que han confiado en mí, aportando su capital.

—Y dígame, Kurt, el interés por la construcción, ¿le viene de familia o es algo nuevo para usted?

—Le voy a ser sincero, mi familia no se dedicaba a los negocios. Yo soy hijo único. Mi padre era maquinista en el *Reichsbahn* —la empresa ferroviaria alemana antecesora del actual *Bundesbahn*— y mi madre trabajaba en una fábrica de cerveza.

—Entonces, usted es un portento, porque el hijo de un empleado del ferrocarril, en fin… no sé de dónde usted…

—No se inquiete, Ferdinand, no hay nada extraño en todo esto. Simplemente se trata de suerte y un poco de habilidad. Como le he dicho antes, otras personas e instituciones me han ayudado financieramente y han confiado en mí. Todos juntos hemos conseguido que hoy día, contra viento y marea, la *Peckmann-wohngebäude* sea una empresa pujante y con futuro dentro del sector inmobiliario. De esta manera, contribuimos también a la reconstrucción del país —declaró con grandilocuencia, como si estuviera declamando unos versos de Shakespeare—. Pero, volvamos a lo nuestro —prosiguió—. Querido Ferdinand, tenemos dos promociones en marcha de las que querría hablarle, si me permite y dispone de un poco de tiempo.

—Sí, por supuesto. De hecho, ése es el motivo principal de mi visita. Por cierto, por su acento señor Peckmann, usted no es de aquí, ¿verdad?

—Mi familia procede de Brandenburgo, pero los avatares de la guerra, mi matrimonio, y por supuesto los negocios, han hecho que hoy resida y trabaje en Duisburgo.

Finalizada la primera parte de la conversación, el director de la PWG pasó a detallar las características técnicas de las nuevas construcciones. Al hilo del discurso, Thomas aprovechó para informarse de las anteriores realizaciones de la sociedad constructora y quedó anonadado pues, en poco más de un lustro, había levantado y vendido cinco edificios de departamentos en el centro de la ciudad. «Obviamente —reflexionó—, sin la solvencia procedente del oro es imposible que los bancos, tan timoratos ellos, hayan confiado en un advenedizo, un desconocido y posible embaucador».

Tras la exposición, los dos acabaron tuteándose y se despidieron:

— ¡Espero tener muy buenas noticias tuyas, Ferdinand!, pero tienes que darte prisa, en esta promoción sólo nos quedan cuatro pisos libres. Los demás los tengo todos vendidos —mintió Peckmann, poniendo su mejor sonrisa perruna—. Piensa en lo que te he contado sobre la financiación y el descuento. Si inviertes ahora, sobre plano, se te hará una rebaja del 20% sobre el precio final de venta al público y, además, te regalaré el trastero.

— ¡Uy!, qué bien suena eso, Kurt!, *¡Ganz köstlich, prima!* (¡muy sabroso, maravilloso!) —exclamó Thomas alzando los hombros, mientras torcía la cabeza y cerraba los ojos, como si estuviera experimentando momentos de éxtasis—. ¡Tendrás noticias mías muy pronto! —añadió con otra enorme sonrisa, esta vez de tiburón, que iluminó su cara con una alegría cuyo motivo, Peckmann, tan pagado de sí mismo, no podía ni imaginarse.

—Por cierto —añadió este último—, deja tus datos y tu teléfono a Robert, estaremos encantados de volver a platicar contigo.

—Sí, por supuesto, ahora se los dejo a la salida al señor Müller. ¡Hasta pronto, querido Kurt!, ¡nos volveremos a ver! ¡Ya verás lo que te vas a divertir!

— ¿Cómo dices? —le preguntó el constructor sin dejar de sonreír, pero con algo de extrañeza reflejada en su cara.

—Quiero decir que estaremos encantados de trabajar juntos —respondió Thomas recogiendo velas, pues era consciente de que se había pasado un poco y sus expresiones sonaban ya a pitorreo. — Con la garganta seca, la boca pastosa y el pulso acelerado, Thomas abandonó rápidamente el lugar sin proporcionar ningún dato. Prefería simular que se había olvidado de dar sus señas, a que su identidad ficticia pudiera detectarse con una fácil comprobación. Al enemigo no se le podía dar ninguna facilidad.

La verdad es que Schulze estaba impresionado por el desparpajo de Peckmann. Habían estado conversando no más de una hora y ya casi parecía de la familia: «Es un gran vendedor, de los que hacen todo lo que sea necesario para luego merendarte sin piedad, como hizo en Rusia, donde el hijo de puta nos vendió a todos sin remorderle la conciencia. Sin duda alguna —pensó—, es un buen pájaro para los negocios y no repara en medios. Si tuviera que engañar a su padre y a su madre, y también a sus abuelos, lo haría sin pestañear».

«Bueno, ahora me quitaré la perilla, me desteñiré y me cortaré el pelo. Mi primer acto en esta comedia ha terminado. Ya no soy Ferdinand Hogrewe, ¿qué le vamos a hacer? —continuó sus cavilaciones con ironía, relajado y sin sentir angustia—. El siguiente paso será acudir a todos los registros habidos y por haber. Tengo que obtener los balances y las cuentas de explotación de la empresa, así como una copia de la escritura de constitución».

Con estos pensamientos y la satisfacción del deber cumplido, Thomas Schulze se fue alejando de la guarida del lobo, mientras silbaba su marcha preferida: Regimentsgruss —Saludos al regimiento—.

La Fiesta

A pesar de los esfuerzos realizados, las pesquisas sobre Peckmann no dieron los resultados apetecidos, al menos hasta el momento. Desde su primera entrevista con Jürgen Cara Cortada, a mediados del mes de abril, Klaus y Bukovsky no habían vuelto a tener noticias de aquél. Por su parte, Thomas Schulze, después de su exitosa incursión en la sede de la PWG, sólo había obtenido un poco más de información sobre la empresa de Peckmann consultando los registros públicos. «Todo eso está muy bien —pensó Willy— pero es claramente insuficiente».

Sus esperanzas estaban ahora puestas en la fiesta que, el sábado 17 de mayo, daban el *Herzog*—el duque— Von Lichtenwald y su esposa, en su castillo de Tempelberg, para festejar y anunciar la próxima unión de su hija Frida con un conocido miembro de la universidad. Edith Meinhof había conseguido convencer a los Lichtenwald para invitar a Ilse y Willy, que se iban a hacer pasar por dos amigos de confianza de la familia Meinhof:

—Luise, ya sabes cuánto me gustaría ir a tu fiesta, pero Willy no se encuentra bien. Erika y yo nos estamos volcando en su recuperación. Como sabes, hace unos meses salió del hospital y ahora ha tenido una recaída. Te prometo que pase lo que pase iré a la boda pero, en esta ocasión, quisiera que mis amigos, Brigitte Foster y Reinhard Schmidt, me representen en vuestra celebración. Acaban de llegar de Berlín y se mueren de ganas por conoceros al duque y a ti. Allá, han oído hablar mucho y bien de vosotros; de todo lo que estáis haciendo por el *Land*.

«Reinhard es un hombre muy apuesto. Es abogado y fue condecorado en la guerra. Brigitte es muy guapa y elegante. Está iniciando su carrera de escritora y para su primer libro quiere conocer, de cerca, la vida e historia de las principales familias de la región. Son muy amigos de mi hijo y les hemos invitado a pasar unos días en Karlsruhe, aquí en mi casa. Ahora se acaban de ir a Dúseldorf, por temas de negocios.

« ¡Te van a encantar! —añadió—. Además, creo que quieren quedarse a vivir cerca de Duisburgo.

—La verdad, Edith, cómo me lo estás poniendo, no voy a tener más remedio que contar con ellos; pero no voy a poder dedicarles mucho tiempo. ¡Imagínate!, me han confirmado ya más de 200 invitados. Anotaré sus nombres en la lista y te enviaré las invitaciones; pero no te perdonaré que no vayas a la boda.

—Luise, ya te lo he dicho muchas veces, eso para mí es sagrado. Ya sabes lo que os quiero y cuánto deseo que Frida sea feliz.

—Sólo te pongo una condición más, quiero que Brigitte nos mencione en su libro.

—Se lo transmitiré de tu parte, no te preocupes. ¡Gracias Luise!, ¡que tengas la mejor fiesta del mundo! ¡Tu hija se lo merece!

Cuando la madre de Willy colgó el teléfono, suspiró: « ¡Qué cosas hay que hacer por los hijos! Si se enterase Luise de que, en parte, la estoy utilizando... pero en este caso, el fin justifica los medios. ¡Se trata de mi Willy y de una causa justa!». Luego, sonriendo sin malicia, pensó con un poquito de vanidad: «Esto de actuar se me da bien y a mi hijo también. ¡De casta le viene al galgo!».

**

La noche de la celebración, unos potentes focos iluminaban el imponente castillo medieval de Tempelberg, situado en un pueblo cercano a Duisburgo. Dentro, las luces estaban casi todas encendidas como expresión de la alegría de los Von Lichtenwald por el futuro enlace de su hija. Los invitados iban llegando y aparcando sus coches alrededor del ancho foso que rodeaba la fortaleza. Los bellos Adler Karmann, supervivientes de la SegundaGuerra Mundial, junto con algunos Mercedes 540 K, verdaderas joyas de la automoción y orgullo de sus acaudalados dueños, rivalizaban con los más modernos Mercedes 170 D o los Opel Olimpya y Capitán, y contrastaban con los más modestos Volkswagen, los famosos *escarabajos*, que eran los que más abundaban. Para la ocasión, Willy decidió conducir su ya antiguo pero vistoso Adler 2L Cabriolet que le había regalado su padre en 1939, como premio por su graduación en la universidad, unos meses antes de partir hacia el frente.

Ilse estaba deslumbrante. Con su abundante cabellera semi-recogida en graciosos bucles, lucía un elegante traje largo de satén negro, muy escotado y con mangas élficas, que llamaba la atención por la belleza que enseñaba... y por la que uno podía imaginar. Calzaba unos zapatos de raso a juego, con finísimos tacones de punta. Sus labios pintados de rojo intenso y las joyas que lucía, un fino collar de brillantes con zafiros amarillos, una pulsera de rubíes y unos pendientes de perlas japonesas, realzaban aún más su figura estilizada.

— ¿No te has pasado un poco, Ilse? —le preguntó Willy, que no se sentía muy cómodo.

—No te pongas celoso ahora, ¡después de en la que me has embarcado! ¿No querías que sirviera de cebo y llamase la atención? ¿Estoy atractiva o no?

—Tú siempre estás atractiva, hoy demasiado atractiva, y cada vez me gustas más. Pero a lo mejor es contraproducente, te llenas de moscones y nos apartamos del objetivo X y de su mujer.

—Quizás sea el objetivo X el que se fije en mí y no su mujer. ¿No te has parado a pensarlo?

—Pues la verdad es que no, aunque rectificar es de sabios. Todo sea por la causa —añadió Willy, aunque no muy convencido y poniendo cara de pocos amigos.

Después de cruzar el viejo pero sólido puente levadizo que, por razones defensivas, discurría en sentido oblicuo a la muralla, los invitados entraron en la liza y luego en el solemne patio de armas, de cuyos muros colgaban escudos de madera con los colores de la familia ducal, estandartes, y algunos bellos tapices. Desde el patio se accedía a un amplio salón, ricamente adornado, que era el antiguo aunque remozado refectorio del castillo. Allí, en riguroso traje de gala, el señor y la señora Von Lichtenwald saludaban, uno a uno, a sus invitados y les ofrecían su hospitalidad. Previamente, uno de los criados, vestido de librea y con sus manos enguantadas, anunciaba a los que entraban y comprobaba las invitaciones.

—Así que usted es, *Fräulein* Brigitte Foster, y usted, *Herr* Reinhard Schmidt. Frau Meinhof nos ha hablado muy bien de ustedes, muchas gracias por venir, esperamos que la fiesta sea de su agrado. Ahora, por favor, pasen y disfruten.

Con estas sencillas y afectuosas palabras, los duques recibieron a la pareja en el gran salón. En las paredes de la estancia, diversos óleos antiguos representaban jornadas de caza de los siglos XVII y XVIII. Otros retrataban, en distintos escenarios, a los antepasados de la familia. Los Von Lichtenwald habían conservado su posición social y económica, en contra del inexorable paso del tiempo que todo lo destruye y, sobre todo, a pesar de los avatares de una guerra tan reciente y devastadora.

El secreto había sido conjugar la cercanía al poder con una actitud sumamente pragmática, que les hizo desprenderse de su capital agrario y subirse al carro del auge industrial, a finales del siglo XIX. Fruto de ello era la posesión o, mejor dicho, la buena administración de unas cuantas fábricas que, después de ser bombardeadas y semidestruidas durante la contienda, habían resurgido con el florecimiento económico de la Alemania del Oeste. El hecho de que las propiedades ducales no estuviesen situadas en el Este del país, con su régimen comunista, había sido toda una bendición para ellos y para toda la comarca.

Pero, durante el régimen nazi, la familia había visto peligrar su prosperidad. Las denuncias contra los nobles, por desafección al

119

régimen se multiplicaron. Procedían de los envidiosos locales, incapaces de soportar el éxito ajeno, y de algunos deudores sin escrúpulos, que veían en el Nazismo la gran oportunidad para cancelar sus obligaciones de manera expeditiva. Sin embargo, los denunciantes pincharon en hueso: los duques, aunque ajenos a la política, estaban muy bien relacionados con las autoridades. A ello ayudaba el hecho de haber pagado la familia un tributo de sangre muy alto; uno de sus tres hijos, oficial en una división pánzer, había muerto en Italia durante la batalla de Anzio, en febrero de 1944.

Sin ninguna duda, el momento más delicado para la familia fue cuando se descubrió que su segundo hijo había participado en la operación Walkiria, una conspiración de militares para liquidar a Hitler, que tuvo lugar en julio de 1944. En este caso, las influencias de los Von Lichtenwald no sirvieron para nada, y Friedrich, finalmente, fue fusilado en Berlín, junto a otros valientes que habían realizado un último intento para acabar con el régimen y evitar la destrucción de Alemania.

Gracias a Dios, Viktor, el hijo pequeño, no fue llamado a filas, salvándose de la quema. Ahora, siguiendo la tradición familiar, el benjamín de la familia se dedicaba con gran responsabilidad a los negocios, y sus padres estaban orgullosos de él en todos los sentidos.

Los duques se habían comprometido con el desarrollo económico y social de la región, participando en las más diversas iniciativas. Sus habitantes les estaban muy agradecidos, sobre todo por haber sido capaces de mantener la producción de sus fábricas y los consiguientes empleos, aun en las condiciones más difíciles. Pero a los Von Lichtenwald también se les apreciaba por su naturalidad, por su mentalidad abierta y su cercanía a las familias de la zona. Habían conseguido algo muy difícil e inusual en la vida: que el dinero y la posición social no constituyesen un impedimento para relacionarse con los demás, que no se les hubiera subido a la cabeza. En vez de levantar murallas infranqueables, aprendieron, a lo largo de varias generaciones, a tender puentes con los habitantes de la zona sintiéndose muy próximos a ellos. Por eso, no era casualidad que una nutrida representación de las autoridades y los vecinos hubieren acudido al castillo, felices de participar en la fiesta y testimoniar a los duques su sincera alegría por el anuncio de la próxima boda.

Cuando el refectorio estaba ya a rebosar, *Herr* Von Lichtenwald pidió silencio y, desde un pequeño estrado instalado para la ocasión, dirigió a todos unas palabras de bienvenida anunciando el próximo enlace. Acto seguido, presentó públicamente a su hija y a quien iba a ser su esposo, un joven profesor de universidad, conocido, ¡oh contradicción!, por sus tesis izquierdistas. En este caso, el empecinamiento de Frida, —que era una Von Lichtenwald de los pies a la cabeza—, había podido más que la desaprobación inicial de sus padres, a quienes la unión, a pesar de su mentalidad abierta, no les convencía del todo. La pérdida de dos de sus hijos les había hecho concentrar todo su cariño en Viktor y Frida, y se habían vuelto muy prudentes. Sin embargo, finalmente, la familia aceptó al futuro yerno que parecía una persona honesta y sincera.

Inaugurada la fiesta, las exquisitas viandas y la música, interpretada por una conocida orquesta, invadieron la estancia creando un ambiente cálido y acogedor. Después de algunos éxitos clásicos del Foxtrot alemán, como Wenn der weisse Flieder wieder blüht, o Bei mir bist du Schön, la banda se atrevió con un hit americano, Chen Tobbaco Rag, que al otro lado del mar interpretaba magistralmente la orquesta de Lucky Millinder y que ya anticipaba el Rock and Roll. En 1952, los tiempos dorados del Swing y del Foxtrot empezaban a declinar a favor de nuevos ritmos que pronto, con el impulso, entre otros, de Elvis Presley, revolucionarían el mundo de la música. Los más jóvenes se pusieron entonces a bailar desenfrenadamente, atrayendo la atención de los mayores, a quienes la nueva melodía había sorprendido y, en algunos casos, escandalizado.

Aprovechando la fiesta y el bullicio, Willy dejó a Ilse unos minutos en compañía de otros invitados que acababan de conocer. Se trataba ahora de localizar al objetivo X, y estudiar sobre el terreno la forma de abordarle. No tardó mucho en dar con él. Muy cerca de los anfitriones, en medio de un grupo donde las mujeres doblaban a los hombres en número, destacaba la figura alta e inconfundible de Kurt Peckmann. Inmediatamente, Willy volvió hacia donde se encontraba Ilse y, con esmerada educación, la apartó del corrillo en el que charlaba animadamente.

—El muy bribón está junto al duque —le dijo, sin poder disimular la emoción.

—Por favor, ¡Willy!, ¡digo Reinhard!, ¡modera tu lenguaje!, ¡nos van a descubrir!

—Lo siento. No te puedes ni imaginar la impresión que me ha causado ver al cabrón de X rodeado de éxito y de mujeres, después de tantos años. El momento de la verdad ha llegado. ¡Adelante, *Brigitte*! Son todo tuyos. ¡A ver de lo que eres capaz! —Muy desenvuelta y con un combinado de ginebra en la mano, ésta se acercó al lugar donde se encontraba Peckmann, tropezó deliberadamente y se precipitó sobre él. Éste, a pesar de la sorpresa, logró sujetarla antes de que se diese contra el suelo. El resultado, además del susto, fue que el líquido de la copa de Ilse se derramó sobre la fina y cara chaqueta de seda brillante que vestía el constructor.

— ¡Perdone!, ¡cuánto lo siento!, ¡cuánto lo siento! —exclamó la supuesta periodista, fingiendo estar muy afligida.

—No se preocupe, lo importante es que usted no se ha caído ni se ha hecho daño —La tranquilizó Peckmann, muy galantemente, mientras la ayudaba a incorporarse—. Pero, ¿con quién tengo el honor? —le preguntó.

—*Fräulein* Brigitte, Brigitte Foster, ¿Y usted, *Herr*...?

—Peckmann, Kurt Peckmann. Ahora, me va a permitir que le ofrezca otra bebida —le propuso y, volviéndose hacia donde se encontraban los duques, añadió—: Aprovechándome de la benevolencia de nuestros anfitriones.

—¡*Aber bitte!* — ¡Pero por favor!—, señor Peckmann, ¡no exagere! —exclamó el duque.

Ilse se alegró mucho interiormente. Peckmann había mordido el anzuelo que con gran maestría le había lanzado. Además, por partida doble, ya que en ese momento se les acercaba su mujer Leni, movida por la curiosidad y quizás también por los celos, al observar las poderosas razones escotadas de Ilse y que ésta no estaba nada mal.

— ¿Qué ha ocurrido? —inquirío aquélla, haciéndose la mosquita muerta—. ¡Cómo te has puesto Kurt!

—No ha sido nada, cariño. ¿Me permites que os presente?

—Sí, por supuesto —le respondió satisfecha, al haber tomado como esposa el control de la situación.

—Fraülein Brigitte Foster, le presento a mi mujer, Leni von Holdendorf.

Deliberadamente, Peckmann, cuando presentaba a su esposa, utilizaba su nombre aristocrático como medio de impresionar y de alimentar su ego, queriendo dar a entender, sin ningún recato y con toda claridad, que formaba parte de la élite de la sociedad. Ilse, por su parte, les siguió la corriente:

—Mucho gusto, es un honor para mí conocer a una familia tan distinguida.

—Encantada de conocerla, *Fräulein* Foster.

—Siento lo que ha pasado, no es mi costumbre precipitarme sobre los hombres casados y manchar sus chaquetas, pero, ¡ahí viene mi novio!

— ¿Qué ha ocurrido? —preguntó Willy haciéndose el distraído—. He visto que se armaba un revuelo en esta parte del salón.

— ¡No ha sido nada, cariño! —le respondió Ilse, que no pudo evitar sonreírle con cara de satisfacción—. Mira, te presento al señor y a la señora Peckmann.

—Encantado de conocerles —saludó, mientras se inclinaba a besar la mano de Leni y luego estrechaba la de Peckmann, conteniendo las náuseas y disimulando la repugnancia que éste le producía.

De momento, el montaje parecía haber dado resultado pues Willy, al saludar a Kurt, no había notado ninguna reacción extraña que delatase que éste le había reconocido. «De todos modos —pensó— con mi cabeza más calva, después de nueve años sin vernos, mi tupida barba, mis patillas brillantes y rubias, y mis gafas de concha, creo que sería un genio si lo consiguiera; pero debo extremar las precauciones pues sus guardaespaldas no deben de andar muy lejos, y si supiesen quién soy realmente... no sé lo que podría ocurrirnos».

Mientras Ilse entablaba conversación con la esposa de Peckmann, Willy, separándose unos metros de ellas, hizo lo mismo con el esposo sin tocar temas comprometidos. Al poco rato, Leni e Ilse se les acercaron.

— ¡Cariño! —llamó Leni a su marido—, te voy a dar una grata noticia, Brigitte está iniciando su carrera de escritora, y está recogiendo información sobre las familias más renombradas de la región. ¡Fíjate qué interesante!

—Sí, sobre todo con familias tan queridas y respetadas como los Von Lichtenwald —respondió Peckmann a quien le había cambiado la cara de repente, dejando traslucir una cierta incomodidad.

«Vaya —pensó Ilse—, se ha puesto nervioso, quizás he ido demasiado lejos y me he salido del guión que me marcó Willy». Por eso, añadió inmediatamente—: «Bueno, en realidad, lo de escritora es una de mis ocupaciones, pero lo que yo deseo de verdad es organizar una asociación de beneficencia que, en estos tiempos que corren, con tanto refugiado del Este, es muy necesaria. Podría basarse, salvando las distancias y las ideas, claro está, en la Asociación de las Jóvenes Alemanas durante el Nazismo, la *Bund Deutscher Mädel*».

— ¡Eso es una mejor ocupación! —exclamó el constructor quien, al darse cuenta de que tampoco había medido sus pasos y se había mostrado demasiado cortante, trató de rectificar—: Quiero decir que... ahora, la patria nos necesita en su reconstrucción y que aunque no tengo nada en contra de los escritores, en fin...

—Lo que tienen que hacer —intervino Willy, aprovechando el nerviosismo de Peckmann— es adherirse a la causa y no me estoy refiriendo a que realicen una pequeña aportación; sino a que participen activamente. Serían un ejemplo para los ciudadanos. Por lo que me han contado, en Duisburgo ustedes son personas sumamente conocidas y admiradas.

—Bueno, no exagere. Esta iniciativa es más propia de mujeres; yo ya, con mis negocios, tengo suficiente.

—Pues entonces, ¡no se hable más! ¡Que se pongan ellas de acuerdo! De todos modos, creo que interpreto el sentir de Brigitte si les digo que nos encantaría hacerles una visita, tener un *kafee Trinken* —una merienda— con ustedes. Nuestra intención es afincarnos en este lugar tan maravilloso de Alemania. Pronto nos vamos a casar y, en Dúseldorf, me han ofrecido un trabajo muy interesante que me permitiría ejercer también mi profesión de abogado.

— ¡Ah!, ¿pero ustedes no son de aquí? —preguntó el constructor.

—No —contestó esta vez Ilse—, yo vengo de Hamburgo y mi novio de Berlín.

Como los Peckmann no parecían muy entusiasmados con la idea de la visita, aunque lo disimulaban magistralmente, Willy se tiró en plancha por uno de los puntos débiles del matrimonio.

—Como les decía antes, uno de mis objetivos es ejercer la abogacía y para ello tengo que buscar, quiero decir comprar, primero un departamento para vivir y después unas buenas oficinas. Quizás también reforme una casa en el campo; a Ilse le encantan los paisajes de esta zona. ¿No es verdad, mi vida?

—Claro que sí, amor. Es lo que más deseo: una casa en el campo y un bello departamento en la ciudad—respondió Ilse con cara de ensoñación y siguiéndole la corriente.

El efecto del ataque fue demoledor. Automáticamente, al materialista y ambicioso Peckmann se le iluminó la cara.

—Querida, quizás sería una buena idea que, un día de estos, recibieses a *Fräulein* Foster; así podremos aportar nuestras ideas sobre la futura asociación. Todo es poco por Alemania —dijo en voz alta, mirando al techo con una pose de fingido arrobamiento.

—No me parece mala idea —confirmó Leni y luego, dirigiéndose a Ilse, le preguntó:

—*Fräulein* Foster y *Herr* Schmidt, ¿por qué me imagino que usted también querrá venir?

—Sí por supuesto, no me perdería la ocasión de aprender un poco más de ustedes, de la zona, y de ayudarles en lo que pueda.

—Entonces, ¿qué les parece el jueves de la semana que viene, a las cuatro de la tarde?

—Me parece bien. El fin lo vale, aunque tenga que venirme desde Hamburgo —contestó Ilse.

—Yo haré un hueco en mi agenda —asintió a su vez el supuesto abogado.

—Por cierto —preguntó Peckmann—, ¿dónde están ustedes alojados?

—En un hotel de Dúseldorf.

— ¿Y por qué no han reservado una habitación en nuestra bella ciudad de Duisburgo?

—Se debe a motivos de trabajo —respondió Willy—. Mañana, a eso de las diez, tengo una entrevista con un colega que tiene allí su despacho. Es más cómodo que pasemos la noche en la capital del *Land*.

—Nosotros se lo preguntábamos por si querían quedarse a dormir en nuestra casa; tenemos habitaciones para invitados.

—De todos modos, muchas gracias por el ofrecimiento —respondió Ilse—. «Vaya cambio de actitud —pensó—, este tío no deja ni un minuto de hacer negocios».

—Desde luego —concluyó Peckmann—, son ustedes una pareja muy interesante. El jueves que viene les esperamos en nuestra casa; mi esposa tendrá mucho gusto en conversar con Brigitte. —Alcanzado el objetivo, los ánimos se relajaron y la conversación prosiguió por cauces más mundanos. Dentro del salón-refectorio del castillo, la orquesta había dado un giro de ciento ochenta grados en el tipo de música que interpretaba. Ahora, los valses, las polkas, los tangos y el foxtrot eran los maestros y ello permitía que los invitados de mayor edad evolucionasen sobre la pista de baile que se había instalado para la fiesta. La velada fue amenizada después con un espectáculo de magia y un baile de cancán.

Ilse y Willy aprovecharon un momento para distanciarse del matrimonio. Con la excusa de que iban a comer algo sólido, se acercaron a una gran mesa situada justo en el extremo opuesto de la estancia. Allí, la cerveza, en amigable componenda con el vino blanco del Rin, se había convertido ya en la reina de las bebidas. Junto a ellos, los canapés de *Fleischsalad* —ensalada de carne—, *Gurkensalad* —ensalada de pepinillos—, y las magníficas salchichas *Bratwurst* y *Wienerwurst*, competían dignamente con el caviar importado del Mar Caspio y con los canapés de arenques ahumados y en vinagre. No faltaba de nada y, por supuesto, los platos tradicionales de la zona como el *Töttchen* —ternera cocida con salsa de cebolla y mostaza—, que tanto gustaba a Willy, o el *Potthuke* —mezcla de patatas y cebollas con salchichas de tipo *Mettwurst* y sazón de pimienta negra, estaban también presentes.

— ¡Querido, qué tranquilidad! —exclamó Ilse mientras, consumida por los nervios, devoraba un canapé—. A mí, prácticamente se me cortó la respiración cuando tuve que precipitarme sobre Peckmann, y no te quiero ni contar cuando se acercó su esposa; ya sabes que las mujeres tenemos un sexto sentido.

—Yo, cuando me acerqué a vosotros, empecé a sentir palpitaciones y a sudar tanto que temía se me desprendiese la barba —le contó Willy por su parte, mientras se bebía una jarra de *dunkel (cerveza negra)*, prácticamente de un trago, y se secaba la frente con su pañuelo. Cuando ya se había repuesto un poco, concluyó—: De todos modos, creo que lo hemos hecho bien. Ahora tenemos que ser de lo más formales y, antes de que acabe la fiesta, con la excusa de tener que salir para Dúseldorf, nos vamos.

—Sí, asintió Ilse. Salgamos cuanto antes de aquí. Estoy agotada, cariño.

Cuando muy avanzada la velada, los invitados empezaron a marcharse, Ilse y Willy abandonaron también el castillo de Tempelberg, después de cumplir con todos los ritos y, entre ellos, con el de la expresión a los duques Von Lichtenwald del deseo más ferviente de felicidad para su hija y su futuro yerno.

Leni Von Holdendorf

El jueves 22 de mayo, cinco días después de la fastuosa fiesta de pedida en el castillo de Tempelberg, Ilse y Willy, bajo sus falsas identidades de Brigitte Foster y Reinhard Schmidt, se dirigieron a la casa de los Peckmann correspondiendo a la invitación del matrimonio. Willy había recuperado el incómodo pero convincente disfraz que había usado en la celebración de los duques von Lichtenwald.

Por su parte, Ilse acudía a la cita sencilla y recatadamente vestida. Ya no había que deslumbrar a nadie. El cambio era radical y ahora parecía que iba vestida de uniforme, como cuando pertenecía a la organización nacionalsocialista de las jóvenes alemanas.

La mansión de los Peckmann les impresionó. Situada en una zona residencial y lujosa de las afueras de Duisburgo, se trataba de un verdadero palacete, semejante a las mansiones sureñas de los Estados Unidos, con columnas, frontispicio, porche y escalinata de acceso incluida, algo que no era muy común en Alemania, pero que denotaba poder y riqueza. « ¡Aquí estoy yo, pobres mortales!, parecían proclamar sus muros, ¡para mostraros cómo he triunfado!, ¡cómo pertenezco a la élite que vosotros, pigmeos, nunca podréis alcanzar!».

La casa estaba rodeada por una alta muralla de piedra, que sólo podía salvarse a través de un gran portón negro de hierro forjado, en cuya parte superior y encima del escudo de armas figuraban, en letras góticas doradas, las palabras *Von Holdendorf*. Peckmann no había podido resistirse a hacer público el apellido de su mujer y, en definitiva, su pertenencia a la aristocracia alemana.

Al entrar en el recinto y ver, desde la seguridad del taxi, dos hermosos pero amenazantes perros Döberman que, enseñando sus largos colmillos y retrayendo el morro, no paraban de ladrar y de tirar con fuerza de un vigilante; Willy no pudo evitar sentir escalofríos, mientras un siniestro pensamiento invadía su mente: «Si ocurre algo, si Peckmann se da cuenta del engaño, lo vamos a pasar muy mal.» Pero no le dijo nada a Ilse. «Lo mismo se echa para atrás en el último momento», continuó pensando, sin poder evitar una risita compulsiva, producto de los nervios. Ilse, que le miraba de reojo, se quedó un tanto confusa. Al bajar del taxi, no pudo evitar preguntarle el motivo de su alegría—: «¿Por qué te ríes ahora? ¡No veo nada cómico en esta situación!».

—Ilse... digo Brigitte, hay que quitar un poco de dramatismo al montaje. Seamos espontáneos y naturales, ¿por qué no vamos a sonreír si venimos a visitar a unos nuevos amigos?

Parece que el comentario de Willy no le convenció nada, pero cuando, desde el estacionamiento de invitados, se aproximaban a la entrada principal de la mansión, la cara seria de ella se volvió candorosa e inocente. Entonces, mirándole de nuevo, le sonrió abiertamente y con voz engolada y expresión pedante exclamó:

— ¡Querido Reinhard!, ¡qué maravilla!, ¡qué jardín!, ¡oh!, ¡me muero de gusto! Leni debe ser una artista, esto es ¡fantástico!, ¡maravilloso!

El cambio fue tan radical que Willy, simulando un golpe de tos muy severo, consiguió contener, a duras penas, unas carcajadas que podían haberles delatado y dado al traste con toda la comedia. Decididamente, ella era una buena actriz y eso a él, en unos momentos tan delicados, le reconfortaba. Ilse aparentaba dejarse seducir por los signos externos de riqueza —los que las clases pudientes utilizan a menudo para torcer voluntades deslumbrando a las personas más superficiales: aquellas que, inmaduras, basan casi todo en las apariencias, en la estética, y no valoran la verdadera esencia de los hombres; que a veces nos da tantas sorpresas—.

Leni Von Holdendorf salió a recibirles. La aristócrata era una mujer muy elegante. Sabía combinar con mucho acierto la ropa que vestía. Había tenido una educación exquisita allá en las tierras de Pomerania, en la Prusia Oriental, de donde procedía la familia. En especial, destacaba en su dominio del idioma francés, algo consustancial a su formación.

Su destreza en la equitación y en el arte de la esgrima, así como su dedicación a la natación, marcaban la diferencia con los jóvenes de la alta burguesía del oeste de Alemania. Más centrada en el desarrollo industrial capitalista que en el mantenimiento de un patriarcado agrícola, propio de los *Junker* del Este —la aristocracia agrícola de Prusia Oriental—, la República Federal de Alemania evolucionaba, después de la guerra, hacia la integración con los demás países de la Europa libre. El marco legal de este cambio rotundo había sido el Tratado de la CECA —La Comunidad Europea del Carbón y del Acero—, firmado el 18 de abril de 1951. El futuro y la prosperidad estaban ahora en el Oeste, junto a los demás países que habían conseguido eludir las zarpas de Stalin y colocarse bajo el paraguas de Estados Unidos y su Plan Marshall. En este escenario, Leni vivía presa de los recuerdos de un pasado glorioso de poder económico y político, que nunca volvería a repetirse. A pesar de ello, la familia von Holdendorf trataba ahora de congraciarse de nuevo con los poderes emergentes de la nueva Alemania, aliándose con un empresario exitoso, como lo era Kurt Peckmann.

Alta y excesivamente delgada, con su pelo rubio platino recogido en una coleta que le llegaba hasta la cintura, Leni aparentaba una fragilidad enfermiza que su prestancia no podía ocultar. Su cara alargada, con pómulos salientes y finos labios, sus ojos verdes, y su mirada risueña, le daban un aspecto agradable que escondía un temperamento flemático y una voluntad desmedida hacia el lujo y la preeminencia social, sin importarle demasiado los caminos a recorrer. Ajena a la realidad, en su cárcel de oro, ahora se le brindaba una oportunidad que ella no estaba dispuesta a dejar escapar.

— ¡Buenas tardes!, ¡me alegro de verles! He ordenado que sirvan el café en el salón, pero, ¡pasen, por favor!, ¡no se queden ahí!

—Gracias, *Frau* (señora) Peckmann, tiene usted una casa muy linda —reconoció Willy cortésmente.

El interior del palacete no desmerecía nada de su aspecto exterior. Una marina de Krøyer y una pintura costumbrista de Fritz von Uhde engalanaban el amplio recibimiento donde no faltaba el mínimo detalle para impresionar al visitante. Los trofeos cinegéticos de Peckmann también estaban presentes. Una cabeza de jabalí y otra de ciervo, con una esplendorosa cornamenta, sobresalían amenazadoras en un lado del comedor rectangular que ejercía de antesala al gran salón. Frente a ellas, un reloj de pared *Kienzle*, de estilo neoclásico, se puso a dar la hora justo cuando los invitados atravesaban el refectorio.

Dos enormes colmillos de elefante africano, que llamaban poderosamente la atención, flanqueaban el arco gótico de entrada a la sala de estar. Eran recuerdo de un safari en Kenia, adonde la familia Holdendorf había viajado el verano anterior. Los altos techos de la estancia estaban cubiertos por un artesonado mudéjar policromado, con arabescos e incrustaciones de concha de nácar y marfil. La idea había sido de Leni, después de unas vacaciones en España. Dentro de la mansión se respiraba un ambiente de lujo, orden y limpieza.

Justo encima de una reluciente chimenea de mármol de Carrara, el imponente escudo de armas de los Von Holdendorf, con su roble, sus cabezas de águila y un yelmo coronado con penacho de plumas, daba al salón un aspecto de gran solemnidad. A cada lado y a la misma altura, dos grandes retratos al óleo presidían toda la escena. Reproducían, a tamaño natural y elegantemente vestidos, al señor y a la señora de la casa. Ella, con un bello traje de gasa estilo imperio y él, con frac y fajín de color rojo ciñendo su esbelta figura. El fondo de los dos cuadros no era nada romántico: edificios, muchos edificios en construcción. Había sido idea de Peckmann, a pesar de las protestas de su esposa, que ya se había puesto en contacto con el pintor para retocar, al menos, su cuadro.

En el momento de acceder al salón, una dama de servicio con cofia, uniforme negro con cuello y mangas de encaje blanco, y el pelo recogido en moño alto, acababa de posar, sobre la mesa del tresillo, una bandeja de porcelana repleta de porciones de tarta de grosella, de chocolate y de fresa. Al mismo tiempo, una jarra de café humeante llenaba el ambiente de un penetrante aroma caribeño.

— ¡Espero que todo esté a su gusto! —dijo Leni, acostumbrada a los quehaceres de anfitriona, mientras juntaba las palmas de sus manos y, educadamente, ofrecía asiento a sus dos invitados en el cómodo sofá Chesterfield de cuero negro, situado al fondo del salón—. Cuando ya estaban aposentados, comenzó preguntándoles sobre el motivo de la visita—: Bueno, cuéntenme ahora, ¿de qué trata el famoso proyecto?

—Como ya le adelantamos en el castillo de los Von Lichtenwald, tenemos previsto establecernos en los alrededores de Duisburgo —comentó Ilse con aplomo—. Mi trabajo de escritora no me va a impedir participar en actividades que beneficien a la comunidad. Por ejemplo, en los tiempos que nos ha tocado vivir, no estaría de más abordar la creación de una asociación de mujeres alemanas, con objetivos diversos. Uno de ellos podría ser fomentar el patriotismo, tan denostado actualmente. Es necesario recuperarlo; los alemanes ya no tenemos que sentirnos avergonzados. Todo ha pasado y ahora se abre una nueva era, llena de posibilidades...

—Brigitte, suena muy bien lo que usted dice —reconoció Leni desde la cómoda poltrona situada frente al sofá, mientras sonreía cautivada por el entusiasmo que estaba poniendo la *periodista* en su discurso.

—Creemos que las personas preeminentes y bien situadas serían un ejemplo, un banderín de enganche para las mujeres que estuvieran interesadas en formar parte de la asociación. Pensemos también en la repercusión social; en la notoriedad que alcanzarían ustedes.

En ese momento, a la aristócrata prusiana se le iluminó la cara. Ya se veía ocupando la primera plana de los periódicos o la portada de alguna revista de categoría; dando charlas en la radio para sus compatriotas; o participando en un programa de la recién estrenada televisión.

—Ahora —continuó Ilse—, tengo que hacerle una serie de preguntas, ya no sólo por el proyecto sino también por curiosidad profesional.

—¿A qué se refiere? —preguntó la señora Peckmann, cada vez más motivada e interesada.

— ¡Su familia! Me gustaría conocer más de su familia: ¿Cómo han llegado aquí?, ¿cómo conoció usted a Kurt?, ¿cuáles son las claves de su éxito?... Tenga en cuenta que cuando la asociación esté en marcha, el público querrá conocer a sus miembros fundadores, sus aficiones, sus gustos, el puesto que ocupan en la sociedad, etc...

Willy, aunque permanecía mudo y dejaba hacer a Ilse, no perdía detalle de las expresiones de la Von Holdendorf, por si en un momento dado era necesario salir al quite, en ayuda de aquélla o suavizando sus intervenciones. No quería que la excesiva audacia hiciera fracasar una ocasión única para obtener más información de X en su propio territorio.

— ¿Qué les puedo contar? —preguntó Leni.

—Simplemente, empiece a hablar; ¡somos todo oídos! ¿Le importa que tome algunas notas? He colaborado en un periódico y tengo cierta deformación profesional. —Ante la expresión de desconfianza que se dibujó en la cara de la anfitriona, Ilse añadió—: Pero no se preocupe, si finalmente constituimos la asociación, antes de publicar un artículo pasaríamos el borrador a usted y a su marido, para que nos diesen el visto bueno.

—Siendo así, no tengo inconveniente.

—Ahora puede explayarse con toda confianza— afirmó Ilse con decisión—. ¡Imagine que somos sus confesores!

En ese momento, Willy, de reojo, cruzó su mirada con la de su compañera. Parecía querer decirle—: «¡Te estás pasando!, ya sólo te falta ponerle a Leni una pistola en la sien para que cante».

Pero la esposa de Kurt Peckmann, ajena a la confabulación, comenzó su exposición:

—La verdad es que no hay mucho que contar. Mis padres son oriundos de Prusia Oriental. Allí éramos una próspera familia de *Junker*. Lamentablemente, como consecuencia de la guerra, nos vimos obligados a emigrar hacia el Oeste, antes de que los rusos y los polacos se apoderasen de nuestras tierras, ese funesto año de 1945. Gracias a Dios, mi padre, por su trabajo, había conservado muy buenas relaciones con personalidades de esta parte de Alemania. Eso nos facilitó asentarnos aquí».

— ¿Vivían usted y su familia en esta zona residencial, antes de conocer a su marido?

— ¡No, qué bah! Aunque le parezca mentira, vivíamos modestamente en un departamento del centro de la ciudad. Como verá, no somos distintos de nuestros compatriotas. Les aseguro que no era cómodo habitar allí nada menos que nueve personas: mis padres y sus siete hijos. Gracias a Dios, sólo los dos mayores fueron movilizados durante la guerra, pero se libraron de ir al frente. Sirvieron en las oficinas ministeriales de Berlín, en la sección de prensa.

—Entonces, ¿me está diciendo que ustedes se vinieron prácticamente con lo puesto de los territorios del Este?

—Sí, ¿por qué no admitirlo? No hubo más remedio que plegarse a las circunstancias. No se puede usted imaginar cómo vivíamos en Pomerania. Teníamos una explotación cerealera de 700 hectáreas, árboles frutales, caballeriza propia, ganado abundante y, por supuesto, personal de servicio en nuestra gran casa. ¡Eso sí que era vida! Menos mal que en 1946 conocí a mi actual marido. ¡Qué hombre! ¡Qué ímpetu en los negocios! Todo lo que les pueda decir es poco. Parecía tener una varita mágica. Es una persona que multiplica sus posibilidades, ¡por eso le ha ido así!, ¡por eso nos ha ido tan bien!

—Su marido debe de pertenecer a una familia muy pudiente, pues si no, es muy difícil llegar tan alto y en tan poco tiempo. Quiero decir que sólo con entusiasmo...

—La verdad es que es un caso extraordinario. Yo, de los negocios, no hablo mucho con Kurt, ¡eso es cosa de hombres! Pero lo que sí les puedo garantizar es que se trata de una persona muy honrada, un *self made man,* un hombre hecho a sí mismo, con una capacidad de trabajo y de entrega fuera de lo común.

Como Willy se había dado cuenta de que por este camino se estaban agotando las posibilidades, se le ocurrió que quizás podría hacer algo más que permanecer impasible, como un convidado de piedra en el banquete. En escasos segundos, urdió una de sus más brillantes y descabelladas estratagemas. Aprovechando una pausa en la conversación, entró en acción:

— ¡Maravilloso!, *Frau* Peckmann. Realmente, Alemania puede estar muy orgullosa de personas como ustedes, que mantienen tan alto el pabellón. Ahora, si me lo permite, ¿podría indicarme donde están los servicios?, tengo que inyectarme insulina, soy diabético.

Al escuchar estas palabras, Ilse se quedó de piedra. « ¿Qué estará tramando ahora este cabrito?, ¿por qué no se estará quieto? —se preguntó acongojada».

—Suba por la escalera del fondo. En la primera planta, la segunda puerta que está situada de frente a la derecha es el lavabo de invitados, y no se preocupe, está en su casa.

—Gracias, muchas gracias, *Frau* Peckmann. Tardaré un rato. Me han descubierto la enfermedad hace poco y soy un manazas con estas cosas. El médico me ha dicho que después de inyectarme no me mueva durante unos minutos, así que, si no le es molestia, me demoraré un poco.

—Pero por favor, Reinhard. ¡Tómese el tiempo que necesite! No le va a molestar nadie, nosotros no utilizamos ese baño.

Willy no cabía en sí de gozo, la aristócrata parecía no sospechar nada, había mordido el anzuelo y todo estaba saliendo a pedir de boca. Ahora podría investigar en la casa y quién sabe lo que descubriría si encontraba el despacho de Peckmann. Una vez en la planta de arriba, empezó a inspeccionar, una a una, las habitaciones situadas a ambos lados del amplio y luminoso corredor que, desde el rellano de la escalera, conducía a uno de los ventanales de la fachada. La claridad aumentaba por los paneles de cristal translúcido y policromado que, ricamente adornados con motivos helénicos y unidos entre sí por varillas de acero, conformaban el techo del pasillo. Si el despacho del objetivo X estaba en esa planta, no tenía que andar muy lejos. Todas las estancias, salvo una, estaban abiertas. Echó un vistazo al interior de cada una y no encontró nada; sólo le quedaba por comprobar un cuarto que permanecía cerrado. « ¡Maldita sea!», se quejó Willy. « ¡Qué mala suerte! Seguro que ahí está su despacho, pero no me puedo creer que este tío, en su casa, lo cierre con llave. ¡Pues vaya confianza que tiene en su esposa y en el servicio!».

Iba ya a abandonar las pesquisas y dirigirse al baño de invitados, cuando se le ocurrió entrar de nuevo en una de las habitaciones contiguas a la que permanecía cerrada. Se trataba de un dormitorio infantil, donde detrás de un cortinaje descubrió una pequeña puerta aparentemente cerrada. Giró su manilla y la abrió. ¡Eureka! Ante él aparecía, pulcro y radiante, el despacho personal de Peckmann. « ¡Alá es grande!, por fin he dado con la cueva de Ali Babá y los cuarenta ladrones», se dijo muy emocionado mientras le venía a la memoria el fantástico relato árabe que su madre le contaba a menudo de pequeño, cuando no quería dormirse.

Después de reponerse de la sorpresa, recuperó el control sobre sí mismo y empezó a husmear por todos los rincones, pero especialmente dentro de un gran escritorio que Peckmann, en su megalomanía, había hecho instalar dentro del buró. Al cabo de unos minutos que se le hicieron eternos, no había encontrado nada sospechoso: papeles, papeles y más papeles, sobres con membrete de la empresa, algo de dinero en los cajones del escritorio, extractos bancarios recientes, la tarjeta de crédito Diners Club, varias plumas estilográficas Watermann y Parker, una máquina de picar tabaco, una caja de música, lujosos pisapapeles y ceniceros, clips, la foto de su esposa y de sus hijas, etc. Por más que profundizaba en los cajones no hallaba nada que pudiera serle de utilidad. En particular, no encontró ninguna agenda. Obviamente, *Ali Babá* no guardaba su oro en el fondo de la cueva y además era muy desconfiado. «El muy zorro, por lo menos podría haber conservado algún lingote de recuerdo —pensó contrariado—, pero nada de nada».

Resignado, decidió que lo más oportuno era volver al salón, pues habían transcurrido más de quince minutos y su pobre compañera estaría empezando a ponerse nerviosa; pero... *la tostada siempre cae por el lado de la mantequilla.*

Cuando Willy se disponía a salir de la habitación, escuchó un sonoro portazo. Inmediatamente, la voz inconfundible de Peckmann, saludando a su esposa y a la invitada, retumbó en el piso de abajo. Como las desgracias no suelen venir solas, otro ruido se oyó justo en el corredor, a escasos metros de donde se encontraba. Una de las criadas acababa de poner en marcha la aspiradora. «¡Vaya, qué casualidad! Si la empleada me ve salir del despacho —reflexionó muy angustiado—, se va a armar una buena». Entretanto, el recién llegado subía por las escaleras y saludaba a la sirviente.

La situación era crítica. Con reflejos felinos, Willy separó un poco el sofá que estaba pegado a la pared situada frente a la mesa-escritorio, y se escondió detrás de él. Luego, en escasos segundos y haciendo un esfuerzo sobrehumano, pues el sofá era un tres plazas de piel y pesaba lo suyo, lo atrajo hacia sí con las manos todo lo que pudo; se acababa de emparedar entre el mueble y la pared.

En ese momento, Peckmann irrumpió silbando en su despacho y fue a sentarse precisamente en el sofá, lanzando un sonoro suspiro. A Willy, se le heló la sangre. Contuvo la respiración todo lo que pudo y luego empezó a inhalar y exhalar aire, casi imperceptiblemente, para que X no se diese cuenta que estaba a unos centímetros de él. « ¿Y si este tío se queda aquí todo el rato? —se dijo muy nervioso—, ¡estaremos perdidos!, ¡se darán cuenta del engaño! Pronto, su esposa empezará a sospechar».

Los minutos que siguieron —durante los cuales el recién llegado *y no deseado*, que se había sentado en la mesa de despacho situada frente al sofá, hizo unas cuantas llamadas de negocios— se convirtieron para Willy en una auténtica tortura. Bañado en un premonitorio sudor frío, hizo lo único que podía hacer en ese momento, mantenerse lo más quieto posible y ¡rezar! « ¡Dios mío, ayúdame! ¡No dejes que todo se vaya al traste! ¡Es por una buen causa!», repetía en su mente una y otra vez.

Luego, como por arte de magia, el famoso cuento de Alí Babá y los cuarenta ladrones apareció de nuevo en su memoria... rotundo... nítido... inmisericorde: «Kassim, el hermano avaro y codicioso de Alí Babá, decidió también bajar a la cueva donde su hermano había descubierto el oro para hacerse con parte del botín de los ladrones; pero al querer salir, olvidó las palabras mágicas que descorrían la roca que tapaba la entrada, y se quedó encerrado. Al volver los ladrones a su guarida, lo encontraron y lo asesinaron».

« ¡Yo no soy Kassim!, ¡yo no quiero ser Kassim!», suplicó Willy interiormente con la fuerza de la desesperación. ¡Dios mío, ayúdame!».

Entonces, ocurrió lo inevitable: Frau Peckmann y *Brigitte* subieron por la escalera, pues les preocupaba la tardanza del *abogado*.

Al oír que llamaban a Reinhard en voz alta, Peckmann salió de su despacho topándose con las dos mujeres que, en ese momento, salían a su vez del cuarto de baño de invitados, después de haber comprobado que no había nadie dentro.

— ¿Qué escándalo es éste?

—A *Herr* Schmidt tiene que haberle pasado algo —respondió Leni a su marido con cara de preocupación y extrañeza—. Hace más de 20 minutos que ha subido al cuarto de baño, y no hay nadie dentro, ¡qué cosa más rara!

— ¿Por qué no me has dicho que el abogado estaba con voso-tras? —preguntó a su esposa mientras le dirigía una mirada de reproche.

—Últimamente no se encontraba muy bien —Terció Ilse para rebajar la tensión, mientras su cara se tornaba lívida por momentos.

— ¿Qué ocurre aquí? ¿Qué broma es ésta? —insistió Peckmann nervioso y desconfiado, mientras Leni permanecía callada y a Ilse la cara se le volvía, ahora, roja como un tomate, al tiempo que pensaba: «tierra trágame».

Cuando después de buscar sin éxito al desaparecido en la planta superior de la casa, el matrimonio y su invitada bajaban por la escalera, Willy tuvo una idea que ejecutó de inmediato. Saliendo de su escondrijo, se dirigió a la ventana que había detrás del escritorio y daba al jardín. La abrió despacio, tratando de no hacer ruido, se subió al alféizar, la cerró luego como pudo desde fuera, y sin fijarse en los más de tres metros que le separaban del suelo, saltó al jardín, cayendo sobre el césped. A pesar del dolor agudo que sintió en uno de sus tobillos, que como consecuencia de la caída se le acababa de torcer, hizo como si se hubiera desmayado. Los dos perros dóberman detectaron al momento su presencia y empezaron a ladrar jalando del vigilante. « ¡Lo que me faltaba!, ¡vaya final! Me voy a convertir en carne picada para perros», pensó mientras permanecía quedo como un muerto. Entretanto, el vigilante, que por suerte no se había percatado del salto, apenas podía sujetar a sus dos cariñosos juguetes (!) que se acercaban peligrosamente al herido.

Alertados por los ladridos de los rabiosos canes, los Peckmann e Ilse, que continuaba muerta de vergüenza y sin saber qué decir, salieron al jardín y se toparon, a escasos metros de la puerta, con el cuerpo inerte del invitado. Ilse se postró sobre Willy y simuló unas maniobras reanimatorias de lo más profesionales. Al cabo de un minuto, éste hizo como que volvía en sí.

— ¡Ohhhh!, ¡Dios! No sé lo que me ha pasado —exclamó mientras se frotaba la cara con las manos y enarcaba sus ojos, mirando hacia arriba sin fijar la vista sobre nadie en concreto—. Al salir del baño y bajar por las escaleras —continuó su relato—, me empecé a sentir muy mal y la vista se me nubló. Entonces salí un momento al jardín y... ya no recuerdo nada más. Debe de haber sido un bajón de azúcar.

La interpretación había sido magistral y Peckmann no pareció sospechar nada. Finalmente, todos pasaron al interior de la casa donde Willy, que estaba realmente agotado, se repuso de los sustos y de la caída despanzurrándose en uno de los cómodos divanes del salón. Su tobillo derecho empezó a inflarse a medida que la articulación se enfriaba. «No hay mal que por bien no venga —pensó—. Así, todo parece de lo más verídico».

—Reinhard, ¿quiere una copita de moscatel? —preguntó Leni, solícita—. De seguro que le entonará un poco.

—Se lo agradezco. Me he debido de hacer daño al caerme en el jardín. La verdad es que no se pueden hacer planes de nada.

Lamento profundamente haberles estropeado la reunión y las molestias que les estoy causando.

En ese momento, Willy se percató de cómo Kurt empezaba a observarle con curiosidad. Instintivamente, se palpó la barba, que seguía en su sitio, y tragó saliva a pesar del nudo que se le había hecho en la garganta. Luego, sin pedir permiso y ante las miradas sorprendidas de sus anfitriones, tomó la botella del maravilloso néctar que le habían ofrecido, y se sirvió, él mismo, otras dos copas de moscatel que paladeó con fruición, diciéndose mentalmente: «¡Qué bueno está! Si tengo que palmar ahora, por lo menos que lo haga a gusto».

Después del *accidente*, el resto de la tarde transcurrió normalmente, sin más sobresaltos. En un momento dado, Peckmann se excusó cortésmente por razones de trabajo y subió a la primera planta. De nuevo en su despacho, al acercarse a la ventana se dio cuenta de que ésta no estaba cerrada, sino entornada: «¡Qué raro!, habrá sido la de la limpieza, se le habrá olvidado cerrarla», pensó. De todos modos, no pudo evitar sospechar por unos momentos de sus visitantes: ¡Qué extraño es todo esto! Primero surgen de la nada en una fiesta, con el brusco incidente de la tal Brigitte, y ahora, el tal Reinhard desaparece por unos minutos y luego reaparece en el jardín, ¡cómo por arte de magia! Además, es diabético. ¡Qué casualidad!, ¿o no es una casualidad? Lo mejor será que no vuelvan más por aquí; se lo diré a Leni apenas se hayan ido. El mundo está lleno de pillos», concluyó sus reflexiones, mientras se miraba en el gran espejo de estilo rococó que había en el corredor, estirándose la chaqueta y pensando que él mismo era un gran y distinguido... bribón.

Cuando ya anochecía y el hastío tomaba posesión de los presentes, Ilse pidió que llamaran a un taxi. La salida de la mansión tuvo lugar entre una despedida cortés de Leni von Holdendorf y otra, muy fría, de Peckmann. X no pudo evitar dirigir una mirada de desconfianza hacia Willy, pues empezaba a sospechar que algo en éste le era familiar... que por alguna razón le conocía de antes de su primer encuentro en la fiesta de pedida de Frida von Lichtenwald.

Durante el trayecto de vuelta, los dos aventureros no cruzaron palabra y permanecieron con cara de pocos amigos, sobre todo Ilse. Al llegar al hotel donde estaban alojados y nomás entraron en la habitación, todo cambió de repente. La rabia contenida, la zozobra, la tensión acumulada durante la visita y sus avatares brotaban ahora como un torrente, como un géiser que hubiera encontrado su salida por la boca de ella:

— ¿Pero cómo te has atrevido? ¿Cómo has podido hacerme esta faena? ¿Cómo has podido ser tan egoísta? Eres un cabrón. No sabes lo mal que lo he pasado. ¡No sabía dónde meterme!, ¡no me atrevía a mirar a Leni a la cara! ¡No sabía ya qué decir, ni qué hacer! ¿Qué hubiera pasado si te descubren? ¡*Du bist ein Schwein, Willy*! (¡Eres un cerdo Willy!). ¡Te odio!

Finalizada la lista de agravios y de insultos, Ilse se puso a llorar desbordándose así toda la emoción reprimida que, ahora, en la relajación, se apoderaba enteramente de ella. Él, avergonzado y abatido, permaneció en silencio y aguantó la tormenta como pudo, sin atreverse a mirarla a la cara; pues con su ocurrencia había puesto en grave peligro la vida de los dos. Algo recuperada, después de lavarse la cara y serenarse un poco, Ilse volvió a la carga: « ¡Esto no es una acción de guerra!, capitán Meinhof. ¡Usted no está en la trinchera, y yo no soy un soldado a sus órdenes que deba aguantar sus locuras!».

—Lo siento, querida... de veras que lo siento... No era mi intención que lo pasaras tan mal. Es lo último que yo desearía. Estoy muy arrepentido... te prometo que ya no volverá a ocurrir. —

Poco a poco, las aguas se fueron calmando y la tormenta amainó. Finalmente, el agotamiento nervioso hizo que, sin mediar palabra, ambos se quedaran profundamente dormidos, como si hu-

143

biesen corrido una maratón.

**

Al día siguiente, ya restablecidos pero con una fuerte sensación de resaca, los dos abandonaron el hotel para volver a sus respectivos hogares. Willy acompañó a Ilse a la estación. En el andén, cuando el expreso estaba formado y a punto de salir para Hamburgo, le presentó de nuevo sus más sinceras y sentidas excusas:

— ¡Perdóname! ¡Ya sabes que te quiero mucho cariño! Te has comportado admirablemente bien y yo he sido un irresponsable.

—Bueno, Willy, ¡déjalo ya!, el peligro ha pasado —exclamó ella, que no era rencorosa—. Hemos salido bien librados de ésta, aunque nos podía haber costado... ¡muy caro! Espero que las cosas sean más fáciles a partir de ahora porque, con estos sobresaltos, tú me dirás.

—Pues tengo que confesarte que nosotros no hemos acabado.

—Me asusta lo que dices, amor, pero no me cuentes nada; haz lo que tengas que hacer y que sea lo que Dios quiera.

Mientras el tren se alejaba, Ilse se asomó por la ventanilla de su compartimento para despedirse de Willy sonriendo y agitando sus manos. Así concluyó un día y una noche aciagos, que ya no olvidarían durante el resto de sus vidas.

Willy, satisfecho, volvió al hotel en cuyo aparcamiento se encontraba su coche. Deliberadamente, no había querido utilizarlo para la visita a casa de los Peckmann, pues hubiera sido suicida que éstos anotarán la matrícula, y relacionaran a Willy Meinhof con el tal Reinhard Schmidt. Como habían tenido ocasión de experimentar, toda prudencia era poca en una aventura tan audaz y arriesgada.

A pesar de todo, el balance de la visita a la mansión de los Peckmann arrojaba un resultado positivo. La desmitificación de los Von Holdendorf había sido completa: mucha nobleza, mucho bombo y platillo, pero no eran nada del otro mundo, económicamente hablando. Se trataba de una familia aristocrática venida a menos por la guerra y la pérdida de sus posesiones en los territorios ocupados ahora por los polacos y los rusos. Leni von Holdendorf se había retratado como lo que era: una elegante y sofisticada conseguidora, que había utilizado sus armas de mujer y el gancho de pertenecer a la aristocracia alemana, para conquistar a un adinerado y apuesto marido. En definitiva, un atajo muy eficaz para recuperar, ella y su familia, el papel influyente que habían tenido en épocas anteriores.

Peckmann ya no podría utilizar a su familia política como coartada financiera para la fundación de su empresa.

***

El cerco se estrecha

Transcurridos casi dos meses desde que Klaus Zimmermann y Albert Bukovsky habían acudido a la cita con Jürgen Cara Cortada, sin haber vuelto a tener noticias suyas, los ánimos estaban muy bajos. Ya iban a tirar la toalla y buscar otras fuentes de información cuando, inesperadamente, recibieron sendos mensajes para un nuevo encuentro con el hampón. No los avisaron por medio de Wolfgang, el barman del cabaret *Die Rothe Fahne*, como estaba previsto, sino a través de personas que no conocían. Los emisarios se habían presentado de sopetón, primero en el restaurante donde trabajaba Bukovsky, y luego también en Hamburgo, en la fábrica donde después de la guerra, Klaus había reanudado su trabajo de químico en la producción de materiales plásticos.

Un sábado por la mañana, a mediados del mes de junio, los dos camaradas se reunieron en un lugar céntrico de la ciudad hanseática, para acudir a su segunda cita con Jürgen Cara Cortada. Durante el trayecto, mientras se deslizaban veloces por la autopista que conducía a Duisburgo, en el pequeño pero atractivo VW Cabrio Hebmüller de Zimmermann, los dos camaradas tuvieron tiempo de sobra para conversar en torno a lo que les preocupaba.

— ¿Klaus, a ti que te ha dicho tu correo? —preguntó Bukovsky, al que corroía una curiosidad no exenta de tensión.

—El fulano se presentó en la fábrica fingiendo ser un amigo de la infancia, que hacía mucho tiempo que no me veía y quería saludarme. Salí un momento de los laboratorios y, como había gente delante, le sonreí y le di un abrazo muy afectuoso — ¡maldita la gracia que me hacía!—, pero era necesario disimular. Luego, salimos un momento a la calle y allí, ya con cara de pocos amigos, me comunicó que me estaban esperando en Duisburgo, el sábado por la noche a las ocho, y que acudiera sin falta a la cita, para hablar de un asunto de gran importancia. Le pregunté si venía de parte de Jürgen y me respondió que él no conocía a ningún Jürgen, que se limitaba a pasarme el mensaje. Seguramente, se trataba de alguien que sólo era utilizado como correo y no sabía nada del asunto. Este sistema es clásico en el mundo del espionaje y del hampa. La comunicación se limita al mínimo necesario, y es transmitida a través de una cadena donde el eslabón posterior sólo conoce la existencia del anterior, y así sucesivamente. Incluso en algunos casos, la cadena se rompe. ¿Sabes lo que eso significa?

—Sí... me lo imagino.

—De esta manera, si la policía investigase, se quedaría con un cadáver y en un punto muerto, nunca mejor dicho. Lo que no entiendo es por qué nos han llamado a los dos; bastaba con que me lo hubieran dicho a ti o a mí.

—Sí, es un poco raro, la verdad. A mí me da que nos han investigado y que saben que no somos de la policía. Han olido el negocio y quieren asegurar la faena. Deben de estar muy necesitados de numerario.

—Puede ser, los tiempos no están para desperdiciar un buen bocado. Esperemos que el cabrón de Jürgen no nos haya vendido a la parte contraria. De todos modos, hemos hecho bien en avisar al capitán. ¡Ojalá llegue puntual a la cita! —exclamó Klaus, añadiendo con prudencia—: De todos modos, yo creo que es mejor que no nos acompañe a la reunión, así Cara Cortada no se enojará.

—Pues yo creo que sí, como la cosa más natural del mundo —le reconvino Bukovsky, de carácter más audaz—. A ese tío hay que meterle el miedo en el cuerpo. Ése es el lenguaje que entiende esta gente; no se mueven en los parámetros de los ciudadanos normales.

—En el fondo tienes razón, Albert, si se enfada, que se enfade.

147

Ya sabe que no vamos de farol, y que no constituimos para él ninguna amenaza. Además, ¡seguro que no está solo! Ése no se la juega así como así.

—Al capitán, le parecerá bien. ¿No está al mando de la operación?

—Esto no es una guerra —le replicó Klaus, en tono amistoso—, aunque con el capitán han sido unos años, ¡tan intensos!, que ya damos siempre por hecho que él está al mando. —Luego pensativo, añadió—: ¡Cómo cuesta todo en esta puta vida! ¿Por qué habrá tenido que cruzarse Peckmann en nuestro camino? A veces pienso que lo mejor habría sido que se lo hubiesen cargado los rusos, aunque después se apoderasen del oro. Hans no habría escuchado nada en el camión; por tanto, los demás no habríamos sabido nada, nos habríamos ahorrado muchos esfuerzos y hoy no estaríamos aquí, por culpa de ese traidor. Albert, ¡hasta que no le vea entre rejas, no descansaré!

—A mí, cuando pienso en Funke, en Hans Witzke, o en los otros valientes que cayeron y en sus familias, se me quitan todos los miedos y me dan ganas de meterme más en harina. Yo creo que nuestros camaradas muertos nos están ayudando desde el más allá. Es nuestro destino y no podemos burlarlo.

—Yo no soy muy creyente —confesó Klaus—. Me pasa lo que a Walter, pero desearía que fuese así. En cualquier caso, cada día estoy más convencido de lo que estamos haciendo.

Por fin, después de seis horas de viaje, llegaron a Duisburgo y pusieron proa a la dirección que les habían dado. ¡Nada que ver con el barrio de la primera ocasión! Ahora transitaban por una zona señorial, con grandes avenidas y edificios nuevos o restaurados que reflejaban un alto nivel de vida. Al llegar a la dirección indicada, aparcaron el coche y de nuevo, como la vez anterior, no entraron directamente en el inmueble sino que dieron la vuelta a la manzana.

—Al menos, la zona no parece peligrosa. Pero ¿dónde diablos se habrá metido el capitán? —preguntó Bukovsky un tanto nervioso.

— No sé, todavía es pronto. Falta media hora para la cita. No te olvides que Willy viene desde Karlsruhe. Espero que haya calculado bien el tiempo; si no, subiremos solos y que sea lo que Dios quiera. Al fin y al cabo, se supone que vamos a hablar de negocios.

Al volver al punto de partida, cruzaron la acera y se quedaron vigilando a unos escasos cincuenta metros de la casa.

—Ahora me estoy acordando de la espera antes del primer ataque en Ucrania —continuó Klaus—. El capitán y tú no aparecíais y los rusos se nos echaban encima. ¡Vaya papeleta!, sin jefe y con un asqueroso traidor al mando. ¡No se lo deseo a nadie!

—Al final llegamos tarde, pero llegamos. Si la mina hubiere sido más potente, hoy no estaría aquí contigo. ¡Joder, Klaus!, ¡vaya odisea con la puta moto! Pero al final conseguimos ponerla en marcha... para saltar por los aires. ¿Suena a broma verdad?... pero no tuvo ninguna gracia.

Mientras seguían recordando sus tiempos de la guerra, un hombre de mediana estatura, enfundado en una gabardina gris, se les acercó. Llevaba una tupida barba negra y unas gafas oscuras que apenas dejaban ver su cara. Un sombrero fedora, de color marrón, remataba un conjunto de lo más siniestro que recordaba las películas del cine negro americano, tan en boga en los años 50.

—Buenas tardes, señores, vengo de parte de Jürgen, les está esperando ya. Me ha pedido que les acompañe; pero antes, deben ir a la tienda de flores y comprar una docena de rosas rojas —les espetó el individuo con una voz muy rara.

Klaus y Bukovsky no supieron reaccionar ante la aparición estrambótica del desco-nocido y lo inusitado de su demanda. Éste continuó en la misma línea, con otro requerimiento: « ¿Han traído la caja de puros que se les dijo? Tienen que ser habanos, ¡de los caros! A él le gustan mucho y… no podemos contrariarle».

— ¿Pero quién es usted? ¿Está usted de guasa? —le interrogó Bukovsky poniendo cara de indignación—. ¡No se nos ha dicho nada! Las personas que vinieron a citarnos no…

— ¡No estoy para bromas! —le cortó el desconocido en un tono muy desagradable—. Me extraña que nuestros correos no les hablaran de estos detalles. Jürgen Cara Cortada es muy maniático y no quiere, ¡exige estos detalles! Sin los presentes, dudo que les reciba. —Viendo que Klaus y Bukovsky se quedaban como dos pasmarotes, el desconocido elevó el tono de su voz insistiendo: Pero… ¿Qué hacen ahí?, ¡dense prisa!, les espero aquí.

A pesar del estupor y de sus reticencias iniciales, los dos corrieron a cumplir con los encargos del mafioso. A la media hora, volvieron. Bukovsky, como de costumbre, había encontrado lo más difícil, los puros. Klaus, con cara de pocos amigos y algo de vergüenza, agarraba un vistoso ramo de rosas rojas. La verdad es que mejor no lo hubieran podido hacer. El desconocido, que se encontraba parado dentro de un portal próximo a la casa, les acogió con una sonrisa que pronto se convirtió en una sonora carcajada, al mismo tiempo que se quitaba el sombrero y las gafas.

— ¡Qué gilipollas sois! Quería comprobar que no me reconocíais, y así ha sido; os habéis tragado la broma por completo.

— ¿Pero es usted, capitán? —le preguntaron los dos incautos, casi al unísono.

— ¿Pues quién si no? ¿No habíamos quedado aquí?

— ¿Cómo se ha atrevido, en un momento como éste? —le preguntó Bukovsky muy enfadado.

— ¡Serás cabrón! —le recriminó Klaus, aunque después de

la primera impresión, no pudo evitar partirse de risa. Luego añadió—: No me vuelva a hacer esto, capitán, hemos caído como principiantes; ¿estará contento, no?

—Muchachos, os presento mis más sinceras disculpas. Quería romper la tensión con un toque de humor. Ya sé que no es ni el lugar ni el momento adecuado y que esto es muy serio. Pero por eso lo he hecho, he roto el patrón para que recuperemos la naturalidad. ¿Qué tal os sentís ahora?

— ¡Yo le partiría la boca! —afirmó a su vez Bukovsky, ya más relajado.

— ¡Así me gusta, soldados! Ahora, ¡ataquemos!

**

Al llamar a la puerta del piso donde estaban citados, en esta ocasión, a diferencia del primer encuentro, sus anfitriones no se hicieron de rogar y abrieron de inmediato. Una bella mujer, vestida con un traje ceñido y escotado que permitía apreciar buena parte de su generosa y atractiva anatomía, les invitó a acompañarla por un largo y ancho pasillo, mientras se contoneaba sensual y rítmicamente. En un lujoso, limpio y brillante salón, Cara Cortada y dos hombres más, muy fornidos, probablemente antiguos boxeadores, como revelaba el perfil de sus narices en silla de montar, les estaban esperando. Los tres se encontraban de pie, frente a uno de los amplios ventanales que daban al bello bulevar donde los recién llegados habían aparcado sus coches. En esta ocasión, el trato tampoco se parecía nada al de la primera vez.

—Buenas noches, señores

—Buenas noches.

—Si me hacen el favor de tomar asiento. —Los tres camaradas se sentaron con toda naturalidad frente a una gran

151

mesa de reuniones, como si se tratara de miembros de un consejo de administración. « ¡Vaya! —pensó Klaus—, parece que Jürgen se ha tomado nuestro ofrecimiento en serio y nos hace los honores».

— ¿Me imagino que la persona que les acompaña debe ser su jefe?... ¿o me equivoco?—preguntó el anfitrión.

—En efecto —contestó Willy—, yo soy el jefe de esta *delegación*. La primera reunión que tuvo usted con mis compañeros fue meramente de tanteo. Me dijeron que necesitaba hacer una serie de comprobaciones. Entiendo que ahora todo es correcto y que se habrá cerciorado de que nosotros no representamos ningún peligro. Nuestra propuesta sigue en pie y es muy clara; creo que ha llegado ya el momento de tomarse el tema más en serio.

—Ciertamente, ustedes no son de la policía ni detectives privados —comentó a su vez Jürgen—. Sus identidades han sido investigadas. Ya no hace falta que utilicen nombres falsos como la primera vez. Sabemos quiénes son, señores Klaus Zimmermann y Albert Bukovsky. En cuanto a usted, utilice el nombre que quiera... nos es indiferente. Y ahora —continuó—, sin más prolegómenos, vayamos al grano. Hemos realizado unas cuantas pesquisas sobre su asunto y créanme; no ha sido nada fácil. Tocan ustedes un tema muy espinoso y a una persona muy influyente en esta región, lo cual no es nada cómodo para nosotros...

— ¿Tiene algún resultado concreto? —le cortó Willy secamente—. Nosotros no hemos venido aquí a perder el tiempo y usted tampoco, señor Jürgen o como se llame.

—No se ponga nervioso, tengo buenas y malas noticias. Efectivamente, su hombre se puso en contacto con una empresa que, entre otras actividades, se dedicaba a la joyería y a la fundición de metales preciosos. Llegaron a un acuerdo para fundir los lingotes, una cantidad muy apreciable de ellos, por cierto. ¿Es lo que querían saber ustedes, no?

—¡Exactamente! —respondió, Willy, con euforia contenida.

—La mala noticia es que, sobre la conversión del oro en dinero, sobre su venta, operación que lógicamente debía seguir a la fundición, no hemos conseguido nada. La hipótesis más convincente es que las transacciones las haría Peckmann a través de una o varias personas de su confianza, que seguramente se distribuyeron por toda Alemania. Además los lingotes, ya sin marcas, eran más pequeños y su manejo no levantaría sospechas.

—La primera información nos puede servir —reconoció Willy—, pues nadie funde tantos lingotes de oro para quedárselos en casa y luego, de la nada, montar una empresa de construcción del tamaño de la PWG. Además es importante el testimonio sobre las marcas grabadas en la parte superior de cada barra.

—¡Bien! —exclamó Jürgen sonriendo y frotándose las manos en un gesto muy significativo—. Entonces... ahora... antes de proseguir... ha llegado el momento de hablar de la *manteca*; elemento imprescindible para que continuemos.

—¿Qué propone usted?

—Como ya les he dicho, el tema no ha sido fácil. Nos hemos puesto en contacto con un testigo y no está dispuesto a soltar la información, corriendo riesgos, y menos a testificar en un juicio de resultados inciertos, si no es mediante la percepción de una suma apreciable.

«Luego están los *gastos de intermediación*; ahí entramos nosotros. Queremos el 10% del valor del oro, en efectivo. Este porcentaje lo hemos fijado en 360 000 DM (marcos alemanes) que no son negociables. Quiero que esto quede muy claro. Eso es lo que les va a costar nuestra intervención. Les presentaremos a ese único testigo que hemos conseguido, ustedes hablarán con él, previo pago de otros 80 000 DM, y él, con pelos y señales, les contará lo que pasó y estará a su disposición para declarar ante el juez en el momento oportuno. Por supuesto, al testigo no deberán decirle ustedes, bajo ningún concepto, lo que me pagan a mí. Éste es un acuerdo entre nosotros que debe quedar muy claro. El precio de la *revelación* lo he negociado yo, y les aseguro que he conseguido una fuerte rebaja. No les voy a decir lo que pedía su hombre al principio; para no asustarles».

—¿Y qué garantías tenemos de que ese individuo comparezca y testifique ante el tribunal cuando llegue el momento?

—Tienen mi palabra, y les aseguro que es la mejor garantía.

—¡Su palabra! —exclamó Willy con una sonrisa cínica—. ¡No nos basta! ¡Usted puede estar engañándonos! No le conocemos de nada y nos está pidiendo una fe ciega, y además un esfuerzo económico extraordinario. Como comprenderá...

Entonces, Cara Cortada le interrumpió:

—Mire, no me voy a andar con chiquitas. La persona está ahí. Ustedes podrán comprobar que, efectivamente, trabajó para el negocio del oro. Los detalles que me relató de la transacción, son muy concretos. Además puede demostrar que trabajaba en el taller de fundición; tiene documentos que lo acreditan. Por otra parte, ¡ustedes son los encargados de pagarle! Un 50% se lo pueden dar cuando les entregue una declaración escrita y firmada de su puño y letra. Si quieren, pueden añadir una grabación de voz. Luego, el otro 50%, se lo entregan después del juicio y Santas Pascuas. Además, están las consecuencias legales de no comparecer ¿No creen que con esto será suficiente?

—No sé... tenemos que considerarlo —le respondió Willy—. Ahora mismo no podemos darle una respuesta.

—Lo comprendo, pero tienen una semana para decidirse. Nos pondremos en contacto con ustedes para una nueva reunión. Si les interesa, confirmarán su asistencia, si no, zanjamos el asunto y no vuelvan a pedirme nada ni a hacerme perder el tiempo, ¿entendido?

—¡Entendido! Pero necesitamos más tiempo: reunir una suma tan grande, no es fácil, se lo puedo asegurar.

—Tienen quince días, ¡ni uno más! Ahora, si me permiten señores, tengo que retirarme. Espero tener noticias positivas de ustedes en los próximos días.

**

Así, de una manera tan brusca, pero al mismo tiempo tan clara, *se levantó la sesión*. Al salir del edificio, los tres camaradas se dirigieron a un conocido restaurante de la ciudad que todavía, siendo las once de la noche, estaba abierto. En uno de sus cómodos salones, después de dar cuenta de una opípara cena, platicaron largo y tendido sobre la reunión, alrededor de tres vasos llenos de whisky Black and White y cubitos de hielo.

—Muchachos —comentó, Willy, que bostezaba sin poder disimular su cansancio—, creo que estamos cerca de culminar nuestros preparativos. ¿Qué os ha parecido la reunión?

—Lo que ha contado ese tío parece convincente —respondió Bukovsky, optimista empedernido aun en las peores circunstancias—. Si es verdad lo que dice, y nuestro hombre es uno de los que participaron en la operación del oro, no podemos dejarle escapar. Lo que está claro es que no vamos a tener la certeza absoluta de que vaya a testificar pero, por lo menos, obtendremos una declaración escrita y también una grabación de voz.

—Yo no las tengo todas conmigo —matizó Klaus, escéptico—. Primero habrá que valorar la mercancía, luego… ya veremos.

—El problema ya sabéis cual es —les confesó Willy—, el de siempre, la maldita plata, el becerro del oro.

—Ahí, capitán, poco podemos ayudar —declaró Bukovsky cabizbajo—. Ya sabe cómo están las cosas y la pasión enfermiza de algunos por el vil metal. Aunque recaudemos de todos, no creo que consigamos la cifra que nos ha propuesto Jürgen, ¡*Ganz Unmöglich*! (¡totalmente imposible!). Eso, sin contar con lo que hay que dar al testigo.

—Ya lo sé, Albert. Por eso, antes de seguir adelante, tengo que ver cómo juntamos el dinero. Por supuesto, la entrega a Jürgen de su parte será contra entrevista con el testigo, eso debe quedar muy claro. Hasta que el desconocido no escriba, grabe su declaración, y se comprometa a testificar en el juicio, a Cara Cortada no le dejaremos irse.

—Por descontado, capitán —ratificó Klaus—. Otro acuerdo sería de pendejos. Además, al testigo no se le entregará nada hasta que haya aportado pruebas suficientes de que trabajaba en el taller de fundición y haya hecho una o, mejor, dos declaraciones escritas y grabadas.

—¡Muy bien camaradas! Ahora relajémonos y si me permitís, voy a invitaros a fumar uno de los puros habanos que le gustan tanto a nuestro mafioso anfitrión. Ha sido usted muy amable, Bukovsky, ¡muchas gracias por el regalo!

—¡Menos guasa, capitán!, me han costado un riñón.

—La verdad es que quería comprarlos esta tarde. Como no tenía tiempo me inventé toda la comedia y caísteis. ¡Fue divertidísimo! ¡Aquí tienes el dinero Albert!, muchas gracias.

—Pues yo, con las rosas rojas parecía un florero. No se puede usted imaginar cómo me acordaba de Jürgen y de toda su familia mientras las compraba. Luego, me las ha hecho usted regalar a unachica que pasaba delante de la casa. ¡Joder!, ¡qué cara puso de sorpresa!, pero no le hizo ascos al regalo, no. Además, le he pedido su número de teléfono. En los temas amorosos, nunca se sabe dónde puede estar nuestro destino. El mundo está lleno de sorpresas, y cuando menos te lo esperas, surge algo extraordinario.

—De eso no te quepa la menor duda, si yo te contara…

A Klaus también le reembolsó el importe de las flores. Luego se tomaron otro whisky y, después de charlar animadamente durante varias horas, se despidieron, volviendo Willy a Karlsruhe y

los otros dos camaradas a Hamburgo.

Así concluyó un día muy positivo para la operación Némesis. Sin embargo, a pesar de sentirse contento, una cierta amargura impregnaba la mente y afloraba en el rostro de Willy Meinhof. Pensaba en la dificultad, casi insalvable, de conseguir la gran suma que se les había exigido.

Como decía el poeta español, Francisco de Quevedo:

«Poderoso caballero es don Dinero». Siempre presente en la vida de los hombres y al que casi todos rinden pleitesía.

***

Decisión a la desesperada

Los días siguientes a la segunda reunión con el maleante fueron de gran preocupación. La cantidad de la que se había hablado era enorme, nada menos que un total de ¡440 000 marcos! A este respecto, Willy sabía que no podía esperar nada de su madre. «Cuando se lo diga, va a poner el grito en el cielo, me va a decir que estoy loco y luego se negará en redondo a contribuir a la causa. Por otra parte, es lógico... no se trata de pagar un secuestro y de salvarme la vida. Mejor no le digo nada», decidió Willy con miedo reverencial. « ¿Qué hacer entonces?», se preguntó y continuó pensando: «Además, esa suma no la recuperaremos, pues nunca podrá saberse lo que hemos hecho para procesar y, quizás, condenar al SS».

Se trataba de un tema muy vidrioso, donde uno podía llevarse grandes sorpresas y desengaños, incluso de los más allegados, de sus propios camaradas. Efectivamente, la entrega del dinero al tal Jürgen nunca podría documentarse por escrito; éste no lo admitiría y todo se iría al garete. Pero eso ahora era una cuestión menor. Realmente, la operación Némesis, como un galeón desarbolado, acababa de encallar en los arrecifes, precisamente cuando se estaban culminando las investigaciones.

Para desembarrancar la nave y salir del punto muerto, Willy convocó de nuevo a todos sus camaradas a finales de junio. Se hacía necesario darles cuenta de las pesquisas realizadas hasta el momento y, sobre todo, del contenido de las dos últimas reuniones con el mafioso. Al conocer la situación, sus antiguos soldados, ahora obreros, empleados, profesionales, pequeños empresarios, etc., manifestaron que querían seguir adelante, pero no a costa de arruinarse; no a costa de hipotecar el futuro de sus familias. El sacrificio que se les pedía era demasiado alto y Willy era consciente de ello. Sabía lo mal que lo habían pasado en Rusia, en los campos de prisioneros, antes de volver a la Patria. Además, ya habían demostrado su entrega, en especial aquéllos en quienes más confiaba. No habían contado con que, en un momento dado, el único medio de obtener información sería entregando mucho dinero y, probablemente, a fondo perdido. Finalmente, después de marear mucho la perdiz, el encuentro acabó sin ningún resultado concreto; utilizando un lenguaje técnico, el asunto quedó sobre la mesa.

Su antiguo capitán no les recriminaba por ello, ¡ni mucho menos!; simplemente, la amargura que suponía dejarlo todo le consumía. Entonces recordó lo que había pasado ocho años antes, al tomar la decisión de cesar en el combate, allá en el frente de Ucrania, cuando estaba completamente abatido y ¡solo!, como ahora, ¡de nuevo solo ante la adversidad! En aquellas dificilísimas circunstancias, se armó de valor para proteger a sus tropas, y lo consiguió. ¡Qué importaba entonces el oro escondido! Realmente nada. Se trataba de salvar las vidas de sus hombres. Pero la situación, en 1952, era muy distinta.

«Ahora estamos luchando esencialmente por el honor de los muertos, por un sentimiento de indignación, por un afán de justicia, *pero no están en juego vidas humanas*. Entonces, si el sacrificio es demasiado alto, ¿por qué no dejarlo? —se preguntó Willy en uno de sus frecuentes momentos de desánimo y de abatimiento, en los que daba vueltas y más vueltas a las cosas—. La vida me está de nuevo exigiendo un sacrificio muy grande, y no es fácil».

Los días y las noches se sucedían rápidamente y la situación se volvía cada vez más desesperada. Era preciso encontrar una solución o abandonarlo todo. El tremendo dilema estaba presente en la mente de todos. Lo más fácil había sido conseguir sucesivas prórrogas para el intercambio. El mafioso, ante la suculenta expectativa de ganancia, dio su brazo a torcer. En el fondo, dos meses más o menos le traían un poco sin cuidado, a pesar de la firmeza aparentada en la segunda reunión. Jürgen era un hombre práctico y tenía la sartén por el mango. Su táctica ahora era alimentar la codicia del testigo de cargo, que oliendo como él un buen negocio, esperaba ansioso a lanzarse sobre su presa.

Al fin, la última semana del mes de julio, Willy se juntó una vez más con sus camaradas en el restaurante del hotel Stackel de Núremberg, como ya era costumbre. Ninguno de los 32 convocados, aquellos que desde el principio habían estado de acuerdo con Willy en su decisión de ejercitar acciones contra el ex oficial de las SS, faltó a la cita. Todos se presentaron a la hora convenida, como un reloj:

—Muchachos, ya sabéis cómo están las cosas. En nuestra sesión anterior, acabamos sin tener las ideas claras. Yo, después de reflexionar mucho, he decidido seguir adelante, pase lo que pase. Para mí, ya no hay vuelta atrás. Mi padre me dejó un pequeño departamento en Karlsruhe, donde vivo cuando no estoy en casa de mi madre y mi hermana. Luego, unos meses antes de fallecer, puso otro piso amplio y céntrico a mi nombre. Quería que, si volvía del frente, no tuviese que empezar desde cero. El resto de mi patrimonio consiste en una moto, mi Mercedes, y mi coche deportivo Adler 2l Cabriolet. La moto y el Adler son de antes de la guerra y no tienen mucho valor. El Mercedes, en cambio, es un último modelo. Aunque os pueda parecer mentira, esto es lo único con lo que puedo contar ahora mismo, sin recurrir a mi madre. Ella es la administradora legal de los demás bienes dejados por mi padre, de los que ni puedo ni debo disponer.

«No os imagináis —prosiguió— lo que lamento haberme pulido, antes de mi enfermedad, el líquido que me legó mi padre. Si lo tuviera ahora, las cosas serían mucho más fáciles pero, «agua pasada no mueve molino» y tenemos que ser realistas. En conclusión: aunque si os digo la verdad, ¡no me hace ni puñetera gracia!, voy a vender mi piso y mi Mercedes, bastante más de la mitad de lo que poseo, para financiar esta segunda fase de Némesis.

«La condición es que mi madre nunca deberá saber, por boca de nadie, qué ha pasado con estos dos bienes. ¡Nunca! Se trata

160

de un tema que, por otra parte, ella y yo no tratamos. Tiene muy asumido, pues así se lo dijo mi padre, que eso era para mí, además del dinero que me gasté a lo loco. Si se enterase ahora de que en esta aventura he sacrificado tanto, se llevaría un disgusto enorme. — Entonces Willy, deliberadamente, se calló durante unos segundos, miró con la cabeza alta a cada uno de sus compañeros y, luego, reanudó su discurso—: Yo ya me he hecho el haraquiri. Ahora sólo os pido a vosotros que, sin dañar irreversiblemente vuestro futuro, aportéis todo lo que podáis, cada uno en función de sus posibilidades.

«Con ese fin, vamos a constituir una asociación con el nombre de *Nemesisverein* —asociación Némesis—, y abrir una cuenta bancaria mancomunada, a nombre mío, de Klaus, de Schulze, de Walter y de Bukovsky. En la escritura y los estatutos de la entidad, que firmaremos todos ante notario, se harán constar las aportaciones de cada uno y que, si algo fatal le ocurriese a alguno de los administradores, su lugar sería ocupado por quien decidieran los demás miembros de la asociación.

«Como siempre —concluyó—, es mi obligación recalcar que no estáis obligados a nada. El que quiera puede manifestar su desacuerdo y retirarse ahora.

El gesto tremendamente generoso del capitán impresionó a todos, y una rara unanimidad a favor de la propuesta se abrió paso entre los reunidos. Lo cierto es que, con el ejemplo de Willy, las cosas fueron mejor de lo que éste esperaba, pero aún así, transcurrido otro mes dando largas a Cara Cortada, los fondos juntados entre todos en la recién fundada *Nemesisverein* ascendían a 400 000 marcos. Entonces decidieron que entregarían 320 000 marcos a Jürgen y el resto al testigo.

—El tema es muy complicado capitán, habíamos acordado 360 000 marcos para el capo y le vamos a entregar un 11% menos.

—Pues Cara Cortada va a tener que aceptarlo, Klaus.

—Pues no sé, capitán… como no le amenacemos.

— ¡Pues le amenazamos!, ¡no hay cuartel! Yo he quemado mis naves y te aseguro que se lleva una buena suma. Cuando venga su correo, concertamos una nueva reunión, la definitiva. Es nuestra última palabra y la va a aceptar, o si no, saldrá de la reunión con los pies por delante. ¡Te lo aseguro Klaus!, ¡te lo aseguro!

— ¡Cuente conmigo, capitán! Creo que a esta reunión debe ir Waldemar.

—Ya había pensado en ello. No hace falta que te recuerde cómo funcionaba *Herr* Simka en las trincheras, en las patrullas y en los golpes de mano… Cuando nos reunimos para repartir las tareas os sorprendisteis todos de mi decisión. Tú mismo me confesaste, unos días antes, que no estabas muy convencido de su participación en Némesis.

—Tiene usted razón, capitán. Nunca sabemos cuándo vamos a utilizar nuestros recursos. Usted le valoró y ahora podemos… contar con él.

**

Como era de esperar, el mafioso, que ya estaba muy inquieto, no tardó en comunicarse con el grupo a través de uno de sus correos. A finales del mes de agosto, los tres camaradas se encontraban de nuevo frente a la entrada del edificio donde había tenido lugar la última reunión con el hampón. En esta ocasión les acompañaba Waldemar, que estaba temerariamente dispuesto a lo que fuese, es decir, *en su salsa*. Entonces Willy, antes de entrar, fue brutalmente claro:

—Muchachos, hemos quemado las naves. Ya sabéis que nos jugamos el tipo, como en la guerra. O se alcanza el acuerdo, o este tío no sale vivo de aquí, ¿queda claro?

Todos asintieron con la cabeza. Alguno, incluso, había hecho testamento antes de venir, y los cuatro llevaban algún tipo de arma.

Con determinación suicida, subieron al lugar de la entrevista.

—Buenas tardes, señores. Veo que vienen nuevamente acompañados por un desconocido. Dentro de poco no vamos a caber aquí —afirmó con sorna Cara Cortada.

— ¡Jürgen! —le cortó Willy abruptamente—. ¡Déjese de guasas y vayamos al grano!

— ¿Han reunido ya el dinero que tienen que entregarme? —inquirió Cara Cortada, devolviéndoles la misma brutalidad en el tono.

—De eso precisamente queremos hablarle. No le voy a enternecer con las dificultades que hemos tenido. Hemos reunido la mayor parte de la suma. Para usted, hay 320 000 marcos.

Automáticamente, al escuchar la cantidad, el hampón se quedó lívido pero reaccionó rápidamente.

—Pero, ¡esa no es la suma acordada!, ¡no es lo que habían ustedes aceptado! Quedamos en que serían 360 000 marcos. ¿Cómo han podido? Les voy a...

— ¡Cállese ya, Jürgen! ¡Usted no va a hacer nada! —le interrumpió Willy al tiempo que pegaba un estruendoso puñetazo sobre la mesa, haciendo sangrar sus nudillos— ¡Déjese de monsergas! Esto es lo que hay, no hay más: ¡o lo toma, o lo toma!

— ¡Cómo se atreve!

— ¡Me atrevo! —gritó Willy.

— ¡No hay trato! ¡Salgan de aquí inmediatamente! Si no tienen los 360 000 DM, olvídense del asunto.

— ¡Alto ahí, Jürgen! ¡De aquí no sale nadie!, y usted va a aceptar nuestro ofrecimiento.

— ¿Me está amenazando?

— ¡Sí, cabronazo!, te estoy amenazando —le respondió el capitán mientras a Waldemar, presto a lanzarse como un lobo rabioso sobre su presa, los ojos le brillaban inyectados en sangre.

En ese momento, los dos secuaces del mafioso, que se encontraban dentro de la habitación, echaron mano de sus pistolas y apuntaron a Willy y a sus camaradas.

— ¿Qué quiere, Jürgen? ¿Va a matarnos? —interrogó el ex capitán fingiendo sorpresa y sonriendo cínicamente al mismo tiempo—. Luego, sin perder ni un ápice los nervios, mirando a Klaus y a Bukovsky, añadió—: Cuando a este hijo de puta le estamos ofreciendo casi todo lo que nos pide.

— ¿Sabe con quién está hablando? —le preguntó el mafioso tratando de intimidarle y de retomar el control.

—Eres tú quien no sabe con quién está hablando —le replicó Willy que continuó tuteándole deliberadamente—. He visto cagarse en la guerra a gente aparentemente más dura que tú, cuando había que atacar a pecho descubierto o meterse debajo de un tanque ruso con una mina magnética. Tú eres ¡un cobarde!, ¡un chulo de mierda! Y ahora vas a aceptar lo que se te propone.

Cara Cortada vio tal determinación en los ojos de Willy, que se lo pensó dos veces antes de dar la orden de disparar. Éste, sin pestañear ni temblarle la voz, continuó exponiéndole al mafioso la situación:

—Escucha atentamente. Mis hombres y yo estamos dispuestos a todo, ¡incluso a morir! Después de hacer la campaña en Rusia estamos viviendo de prestado. Hemos visto la muerte muy de cerca y en muchas ocasiones, te lo puedo asegurar—prosiguió con la sangre fría que le caracterizaba en la guerra antes de entrar en combate—. Si acabas con nosotros, después de la primera descarga, cosa que dudo; tengo otros hombres con armas, apostados ahí fuera. Tienen orden de disparar contra vosotros si salís solos de aquí sin que les haga yo antes un signo desde la ventana. También «intervendrán» si escuchan disparos. Pero, ¡asómate!, ¡asómate, cabronazo! Quiero que lo compruebes, que lo comprobéis por vosotros mismos —añadió mirando con la cara lívida de la muerte a los matones de su «anfitrión».

Entonces, el curtido Jürgen se acercó a la ventana, corrió el visillo, y vio a dos hombres en la acera de enfrente. Se trataba de Walter y de Thomas, que tenían las manos metidas en los bolsillos de sus sobretodos, y parecían estar sujetando algo. Luego, sin pronunciar palabra, se volvió hacia los acompañantes de Willy, que semejaban a estatuas de hielo, sin expresión alguna en sus rostros.

—Yo que usted, aceptaría el trato —insistió el capitán que se sabía dueño de la situación—. No le queda otra. A nosotros tampoco. O lo acepta, sin trucos, o salimos todos muertos, antes o después. ¿Está entendido?

— ¡Está usted loco! Señor lo que sea.

— ¡No!, ¡no estoy loco!, ¡estoy cuerdo!, ¡más cuerdo que nunca! Y ahora acéptelo y nosotros nos presentaremos aquí, cuando nos diga, con el dinero contante y sonante, y usted con el testigo. Entonces, y sólo entonces, recibirá usted sus 320 000 marcos, ni uno más, ni uno menos. El testigo, una vez hechas las comprobaciones oportunas, hará su declaración por escrito, la firmará, la grabará y recibirá, a su vez, la primera entrega de su parte; el resto después del juicio, ¿queda claro?

—Está bien... Han ganado. Pero traigan mis 320 000, ¡ni un marco menos! ¡Es mi última palabra!

— ¡También la nuestra! —exclamó Willy dando por terminada la reunión. —Antes de salir del piso, el ex oficial hizo a Thomas y a Walter la señal convenida, el signo de cese el fuego que hacían

165

en la guerra. Estos sacaron entonces las manos de sus bolsillos y las levantaron, para tranquilizar a los forajidos. A continuación, todos abandonaron el piso después de acordar reunirse de nuevo, en el mismo sitio, la semana siguiente.

A los pocos minutos del *incidente*, mientras los seis camaradas que habían tomado parte en la operación caminaban juntos hacia el primer bar que encontrasen, Klaus reprendió al capitán.

—Joder, Willy, no nos habías dicho nada de Thomas y de Walter. Eso no está bien por tu parte.

—Perdona, pero pensé que era mejor así. Quería que tú, Albert y Waldemar tuvieseis una determinación suicida. —Luego, dirigiéndose a sus cinco camaradas, añadió: Muchachos, hoy hemos vuelto a nacer. Os juro que a ese tío me lo habría cargado yo o Waldemar, aunque sus secuaces hubiesen disparado. En último caso, Thomas y Walter habrían acabado la faena.

—Eso lo teníamos muy claro —intervino Schulze—. Si alguno de ellos hubiera sobrevivido, lo habríamos liquidado, os lo aseguro.

—La verdad es que nosotros lo habríamos hecho también —concluyó Klaus secamente.

—Si no, lo habría hecho esta granada, por todos nosotros.

En ese momento, ante la mirada atónita de los demás, Willy sacó una *Stielhandgranate* (una granada de mango) de las utilizadas en la guerra, con la carga explosiva reforzada, y cuyo cordón detonador sobresalía para ser accionado en décimas de segundo. La había conseguido días antes de la reunión, utilizando sus contactos.

—No os quería decir nada pero he estado a punto de activarla. Sería lo último que habría hecho, si las cosas hubiesen salido mal. Sólo cinco segundos y, en un lugar cerrado, la onda expansiva habría sido terrible… Nadie hubiera salido vivo del cuarto.

De este incidente, por supuesto, no comentaron nada a nadie. Se trataba de cosas sucias... que había que hacer en un momento dado. A los seis camaradas se les podía tachar de muchas cosas, pero de cobardes y de faltos de decisión no, radicalmente no. Habían aprendido a controlar y superar su miedo en las trincheras, es decir, a volverse valientes en los peores momentos.

A Jürgen Cara Cortada, el tema le había quedado también muy claro. Aunque acostumbrado a cosas muy feas, en esta ocasión había visto la faz de la muerte demasiado cerca; tanto que, a pesar de su intransigencia, optó finalmente por la vida. Lo que más le había impresionado era la ausencia de reacción de Willy y los suyos, cuando los tres matones que le acompañaban habían sacado sus pistolas y aquellos no habían pestañeado. Por si ello fuera poco, la mirada achinada, sádica y diabólica de Waldemar le había descompuesto. Parecía que el tío estaba disfrutando. ¿Pero estaban realmente dispuestos estos locos a dejarse el pellejo? Ante la duda, no quiso comprobarlo. Prefirió llevarse la enorme suma que le ofrecían y renunciar a la parte que no habían podido reunir...

**

Unos días después del acuerdo, la cuenta bancaria de la *Nemesisverein* había sido vaciada tras sucesivos reintegros, para no levantar sospechas. Ahora, los fajos de billetes de marcos alemanes estaban cuidadosamente apilados en el maletín de piel que portaba Willy, y del que no se había separado ni un segundo desde su salida de Karlsruhe hacia Duisburgo.

Esta vez, la ceremonia (!) en el piso del mafioso se celebró sin sobresaltos. Cara Cortada, en éxtasis, contaba parsimoniosamente el dinero en presencia de Klaus, de Bukovsky, y de los dos matones que le acompañaban. Una quinta persona, que debía de ser un avezado falsificador, comprobaba, con sus instrumentos y sus manos expertas, la autenticidad del papel moneda. Por su parte,

167

Willy y Thomas Schulze, en una habitación contigua, siguieron el plan que tan meticulosamente habían preparado para este momento. Primero comprobaron la documentación del testigo: la que demostraba su vinculación a la empresa que, en 1946, había transformado los lingotes de oro de Peckmann en otros más pequeños. Hecho esto se quedaron con ella. En segundo lugar, le hicieron varias preguntas para tratar de asegurar que no iba de farol. Finalmente, le tomaron declaración: primero por escrito, de su puño y letra, y luego de viva voz, grabando sus palabras en un magnetofón.

Este es el relato de los hechos que figuraba en el documento del testigo y en la grabación: «Me llamo Roland Gross, soy vecino de Duisburgo y, para quien pueda interesar, voy a realizar la siguiente declaración, libremente y sin coacción alguna:

Corría el mes de mayo de 1946. Yo me encontraba trabajando en la oficina que mi empresa, el establecimiento de joyería, *Tausendundeine Nacht* —Las Mil y una noches—, tenía en la calle Strassenberg, aquí en Duisburgo, cuando un hombre joven, alto y bien parecido, con el pelo rubio y los ojos azules, se presentó ante mí por la mañana. Este individuo es el que aparece bajo el nombre de Kurt Peckmann, en las dos fotografías de los recortes de prensa que ustedes me han enseñado: en la primera, de la revista *Das Rose Leben*, se trata de su boda, en 1947, y en la segunda, del periódico *Der Klassische Beobachter*, también figura sentado en el tercer puesto a la derecha de la mesa, en una reunión de constructoras que tuvo lugar el año pasado.

Este señor, que se hacía pasar por un tal Herbert Brunenwald, decía que tenía oro, mucho oro en lingotes, pero que así, en ese formato, no podía venderlo. Era necesario fundirlo y transformarlo en barras más manejables. Ante mi pregunta, más por curiosidad que por otra cosa, sobre cómo lo había conseguido, el individuo no quiso decirme nada. Manifestó que eso no era de mi incumbencia y que era mejor que mantuviese la boca cerrada, pues si no... perdería la lengua. Sus poderosos *argumentos* me convencieron y evitaron que le hiciera más preguntas.

Inmediatamente, le puse en contacto con el gerente de la empresa, el señor Theodor Adler que, desgraciadamente, ya no está entre nosotros pues me he enterado de que ha fallecido hace un mes. Dios le tenga en su gloria. No sé lo que platicarían entre ellos, pero el hecho es que al tal señor Brunenwald se le dijo que, a la mañana siguiente, debía presentarse en el taller de fundición. Estas operaciones tenían que hacerse lo más rápido posible, para evitar filtraciones y riesgos innecesarios; sobre todo en una época, recién acabada la guerra, en que la vida humana valía mucho menos que ahora; los ajustes de cuentas eran frecuentes; y, de vez en cuando, aparecían personas muertas en las cunetas de las carreteras. Al día siguiente y a la hora convenida —continuó el testigo—, el tal Herbert Brunenwald vino al taller, un garaje que había sido transformado y acondicionado como fundición.

La cantidad de oro que fue trayendo puntualmente cada mañana, durante una semana, nos sorprendió mucho. En el garaje trabajábamos sólo dos personas. Dudamos de si debíamos seguir adelante o dar cuenta a las fuerzas de ocupación inglesas. Finalmente, por el estado de necesidad en el que nos encontrábamos, decidimos cumplir el encargo, es decir, fundir y reconvertir su oro.

En cada lingote figuraban grabadas la cruz gamada y la palabra Kiev. El señor Brunenwald siempre se quedaba con nosotros mientras hacíamos el trabajo. A medida que las barras de cada remesa, ya sin ninguna marca, se enfriaban, se las llevaba. No quiso firmar nada. Nosotros tampoco podíamos obligarle; así que cuando le entregamos el último lingote, pagó y desapareció de nuestras vidas, ¡hasta ahora!».

**

Aunque protestó agriamente, el señor Gross fue sometido a una pequeña quita del 10% —8000 marcos— sobre la cifra prevista inicialmente, ofreciéndole así un total de 72000 marcos. Lo que quedó claro es que sólo después del juicio recibiría la segunda mitad de esta cantidad. Sobre este punto, Willy aparentó el más absoluto compromiso, apelando a la presencia de Cara Cortada a quien, en el fondo, este tema le traía sin cuidado, pues ya se había embolsado su parte.

La realidad era que con esta rebaja, la *Nemesisverein* se reservaba unos fondos muy necesarios para lo que el futuro pudiera deparar. En cuanto al segundo 50%, Willy, lleno de ironía, había confesado a sus camaradas antes de la reunión: «Después del juicio, ya veremos... Nos hemos gastado mucho... Quizás le hagamos una nueva rebaja... No sé... La vida es larga, está llena de buenas intenciones... y también de grandes desengaños. En cualquier caso, en esta ocasión y con esta gentuza, no me importa ser un pequeño hijo de puta».

De esta manera, en septiembre de 1952, transcurridos ocho duros e intensos meses desde la reunión inicial del 20 de enero en el hotel Stackel de Núremberg, la operación Némesis había culminado su segunda fase. Ahora se acercaba la hora de la verdad. Una sensación de vértigo y angustia se apoderaba de los supervivientes de la compañía 150 y, en especial, de su núcleo más reducido, el de los seis camaradas sobre los que había gravitado la mayor parte del esfuerzo.

Pero los apuros previos al juicio no habían acabado...

***

El bosque

Como parte de una organización criminal, las Waffen SS habían sido condenadas en los juicios de Núremberg de 1945 y 1946. Ahora, para ODESSA, la organización clandestina de los antiguos miembros de las SS, la publicidad negativa que podía entrañar el procesamiento de un destacado miembro de la asociación *Jagd und Freiheit* –Caza y libertad–, no era una buena noticia. Pues en realidad, esta asociación escondía los lazos de hermandad existentes entre antiguos camaradas de las Waffen SS. A ella pertenecían los supervivientes de una de las brigadas que combatieron en el frente de Ucrania, durante la Segunda Guerra Mundial, y algunos de sus miembros habían participado en los crímenes cometidos contra los judíos de aquella república soviética.

La denuncia contra el ex *Hauptsturmführer* —capitán—, Kurt Peckmann, que acababa de presentarse ante la fiscalía del Palacio de Justicia de Dúseldorf, se encontraba encima de la mesa de un ex coronel de las SS. La circunstancia no era excepcional, pues muchos de los antiguos miembros del cuerpo de élite del nacionalsocialismo ocupaban, cómodamente, puestos de relevancia en las oficinas administrativas de la nueva República Federal de Alemania. Lo cierto es que al ex coronel Rudolf Schornstein, el tema no le agradaba lo más mínimo: «Ahora que la cosa está más o menos tranquila, me llega esta patata caliente. Tanto si hay, como si no hay condena, el daño que nos va a ocasionar el proceso es seguro. Los comunistas y los socialistas, que nos tienen ganas, aprovecharán para reavivar los odios larvados y agitar la *vendetta* contra nosotros. ¡Vaya bicoca para la radio y la televisión!: hay que hacer algo al respecto».

Con este objetivo, a finales de octubre de 1952, se convocó una reunión secreta en un reservado de un conocido hotel de Dúseldorf. Allí, periódicamente, los representantes regionales de

ODESSA se congregaban para evaluar la actualidad y, en su caso, adoptar las medidas que en cada momento requiriese la defensa de sus miembros. También se aprovechaba para renovar la fe en una causa ideológica a la que muchos de ellos no habían renunciado, a pesar de todo lo que había pasado y de las evidencias de los crímenes cometidos. Al encuentro asistieron cinco de sus miembros que, perfectamente integrados en la vida civil, no levantaban ninguna sospecha.

— ¿Qué quiere que le diga, Rudolf?, que nos crucemos de brazos... ¿Es eso lo que quiere? —preguntó el otrora General de las SS, Ferdinand Rilke, que ahora dirigía la *Eisenundkohlexport Gmbh* (Exportación de acero y de carbón. Sociedad de responsabilidad limitada), una importante compañía con delegación en el Estado Federado de Renania del Norte Westfalia.

—No, pero en estos temas *sub iudice*, como decimos en el lenguaje del foro, hay que andarse con pies de plomo, para no meter la pata.

—Entonces, *Standartenführer* (coronel) ¿Qué pretende, que ODESSA no haga nada?

—Mi *Brigadeführer* (general de brigada), no es esa mi intención. Simplemente quiero aconsejar prudencia en esta situación.

— ¿Qué dice a todo esto nuestro querido Kuno? —Kuno Hoffmann había ostentado el grado de *Sturm-bannführer* (mayor) durante la guerra, y había actuado con suma eficacia y valentía en las operaciones militares. Nunca se había visto mezclado en crímenes contra la población ocupada, no siendo represaliado después de la contienda. Incorporado a la vida civil, su *savoir faire* —saber hacer—, en los asuntos más delicados, era muy apreciado en las altas instancias de la organización. Por otro lado, su situación actual estaba socialmente fuera de toda sospecha. Avezado empresario en la industria de la carne, a la que se dedicaba en cuerpo y alma, poseía uno de los mataderos más importantes de la región. Las salchichas que fabricaba gozaban de gran aceptación entre el público, y la sonrisa de Kuno Hoffmann en la propaganda de sus productos era garantía de honestidad y sello de calidad. No había feria de ganado, en Alemania, en Francia o incluso en España, a la que el afamado industrial cárnico no fuera invitado.

—General, este caso, como dice Rudolf, es muy delicado, pues la denuncia ya ha sido presentada y el tema, además, es muy escabroso.

— ¿Qué quiere decir con ello? —le inquirió el ex general Rilke.

—Que no es un caso de *acciones* contra los judíos, ni de *apropiaciones* de bienes para nuestra organización, para nuestra hermandad. La acusación es por traición al ejército regular en plena guerra, además del robo de un importante cargamento de oro para enriquecimiento privado.

— ¿Qué sugiere, que Kurt Peckmann es un criminal?, ¿Cómo se atreve a hacer esa insinuación, *Sturmbannführer*?

—Mi general, yo me limito a leer lo que pone la denuncia, lo que nos ha comunicado el coronel Schornstein. No sé si es verdad o mentira, pero la índole del asunto no aconseja, sin más, a *intervenir*. Usted ya me entiende.

— ¿A todo esto, qué tiene que decir el Capitán Maisel?

Heribert Maisel había formado parte de las SS desde muy joven. Cuando el partido nazi apenas contaba con unos miles de afiliados, él ya lucía en la manga de su chaqueta, casi permanentemente, el brazalete rojo con la esvástica en negro sobre fondo blanco, y participaba asiduamente en los actos del partido. Luego, a los pocos meses de crearse las *Schutzstaffeln* —las SS—, inicialmente responsables de proteger al *Führer*, solicitó su ingreso en el cuerpo de élite del nacionalsocialismo. Al cumplir con los estándares raciales mínimos y aportar el certificado de arianidad, su petición fue atendida.

Al comenzar la guerra, en 1939, Heribert entró a formar parte de las Waffen SS, el brazo militar de las SS. De carácter fanático y brutal, como había demostrado durante la guerra, sus crímenes habían sido ocultados. Ahora se había convertido en un pulcro y honesto hombre casado, empleado de grado medio en una oficina de correos y muy apreciado por sus jefes, dada su dedicación y su predisposición a la obediencia y a realizar horas extra. Lo que no sabían los demás empleados es que Heribert espiaba la correspondencia para ODESSA, cuando se consideraba necesario.

Ahora, la pregunta del general Rilke le venía como anillo al dedo para volcar todo su odio sobre el ejército regular. Heribert no podía olvidar que, en su sector del frente, un tal coronel Von Heusenberg, a cuyo regimiento pertenecían los que habían denunciado al capitán Peckmann, había osado poner todo tipo de trabas a las acciones de limpieza de los *Einsatzgruppen* —los grupos de acción de las SS para el saneamiento racial de los territorios ocupados—, a los que el ex capitán de las SS había pertenecido.

— ¡General! —exclamó Heribert Maisel— Es preciso actuar radicalmente. En este tema no debemos permitir ningún tipo de publicidad, que siempre será negativa, ya salga absuelto o no el capitán Peckmann.

— ¿Qué propone usted entonces, *Herr* Maisel? —Intervino en este momento el funcionario de justicia, al que las gotas de sudor perlaban su frente y empezaba a arrepentirse de haber proporcionado la información de la denuncia a sus compañeros de ODESSA.

—Que muerto el perro, se acabó la rabia. Creo que el tema está claro. El ex sargento Peter Feldhaus, que hasta entonces, por
174

razones de disciplina, había permanecido callado, pidió el uso de la palabra:

—Señores, el capitán Maisel tiene razón. Hay que abortar el juicio desde su inicio, sino se generará una propaganda muy negativa para las SS. A nosotros nos corresponde hacer todo lo posible para que el pueblo alemán pueda apreciar lo beneficiosos que fueron los *servicios* que prestamos durante la guerra, principalmente como miembros de la Wehrmacht, no en los despachos.

— ¿Qué haría usted en este caso, *Herr* Feldhaus? —le preguntó el general.

—Una *convincente* entrevista con los denunciantes sería suficiente para que el juicio no prosperase. Es mejor que Peckmann no sea declarado culpable. Es lo que nos conviene ahora a nosotros, a ODESSA.

— ¿Aunque resulte ser un asqueroso traidor? —preguntó el ex coronel, Rudolf Schornstein—. ¿No estamos yendo demasiado lejos? Nosotros pertenecíamos a la Wehrmacht; esto debe quedar claro.

—Sí —le apoyó el ex comandante Hoffmann—. Si se demuestra que Peckmann ha sido un traidor a la Wehrmacht, eso significa que también nos ha traicionado a nosotros. Habría roto su juramento de lealtad.

—Todo eso está muy bien —intervino el general Rilke, que se veía contra la espada y la pared ante la división de opiniones—. Pero tenemos que tener en cuenta el *Führerprinzip* (el principio de obediencia al jefe supremo). En este caso, la obediencia al jefe es primordial. Él es, yo soy, aquí y ahora, quien tiene que tomar la decisión.

—Sí, mi *Brigadeführer* —respondió Schornstein.

—Por supuesto, general —asintió Hoffmann.

—Sin ninguna duda —afirmó, a su vez, Maisel.

—A sus órdenes, mi general —concluyó el sargento Feldhaus.

La reunión finalizó en tablas, sin ninguna idea clara de lo que había que hacer, salvo la de no comunicar nada al denunciado, a quien se debía mantener al margen. De todos modos, sin tomar partido por su inocencia o culpabilidad, a Kurt Peckmann se le consideraba contaminado y susceptible de una *evaluación interna* que, con independencia del juicio y su resultado, ODESSA debía llevar a cabo cumpliendo con sus normas secretas. Lo cierto es que el tema era demasiado espinoso como para precipitarse en la toma de decisiones. Por ello, el director general de la afamada compañía *Eisenundkohlexport*, dedicó unos días a consultar con las instancias superiores y reflexionar.

**

El sábado 1 de noviembre de 1952, el día era desapacible en Bad Rothenfelde. El pueblo, famoso por sus balnearios, estaba situado en pleno Bosque de Teutoburgo, en el noroeste de Alemania. A caballo entre la Baja Sajonia y el Land de Renania del Norte Westfalia, y a unos 170 kilómetros de Dúseldorf, el lugar había sido elegido por Ferdinand Rilke para mantener una reunión con la *Nemesisverein* —la Asociación Némesis—. Reconducir la situación derivada de la denuncia y hacer que sus autores desistieran de su empeño en enjuiciar a Kurt Peckmann era el objetivo fundamental del encuentro. En realidad, al tratarse de un proceso público, que no admitía renuncia a las acciones legales, lo que pretendía ODESSA era que los acusadores y sus testigos no se presentaran a juicio. De esta manera, el caso sería sobreseído rápidamente y el procesado, absuelto por falta de pruebas.

Al acercarse al imponente hotel-balneario *Zur Post,* un bello edificio decimonónico situado en el centro del pueblo, Willy, que iba acompañado por Thomas Schulze, Walter Schuhmacher, Albert Bukovsky, y Waldemar Simka, no las tenía todas consigo en este encuentro. Deliberadamente, había querido mantener al margen a Klaus Zimmermann, por si le pasaba algo. Si tenía que ir al otro mundo, quería asegurar que el proceso contra el criminal Kurt Peckmann se celebrase. La decisión de acudir a la reunión no había sido fácil.

Después de sopesar los pros y los contras con sus más allegados, había llegado a la conclusión de que no podían eludir encontrarse, tarde o temprano, con los antiguos SS. Otra opción hubiera sido aún más peligrosa, pues soliviantar al antiguo cuerpo de élite del nacionalsocialismo, con el desprecio o la indiferencia, hubiera tenido consecuencias letales para la asociación Némesis y toda la operación.

—Es mejor que hablemos con el diablo, antes que ignorarle. Quizás lleguemos a algún tipo de pacto. Acordaos de lo que hacíamos a veces en la guerra.

— ¿Se refiere a los partisanos? —le preguntó Thomas Schulze.

—Lo has captado, a los partisanos ¿Por qué te crees que a nosotros nos respetaban, si se puede utilizar esta palabra?

—Porque no éramos unos hijos de puta con la población ucraniana y rusa. Eso era un pacto tácito que ellos reconocían.

—Y éramos casi una excepción. Pero a mí lo que me interesaba era que volvierais a casa. Por supuesto, sin dejar de cumplir con mi deber. Cuando había que atacar y liquidar al enemigo, se hacía sin contemplaciones, conforme a las leyes de la guerra.

—Ahora, pasado el tiempo, sólo le tenemos palabras de agradecimiento, capitán.

—Agradecedlo también a nuestro coronel Von Heusenberg. Él estaba al tanto de todo, y le parecía bien. ¿Cómo si no, podríamos haber hecho tantas cosas? Era un oficial prusiano, pero antes un humanista y un pragmático. Jamás le olvidaremos. Era un ejemplo para todos.

— ¡Jamás, capitán! —exclamaron todos, casi al unísono. Tal era el grado de admiración por un oficial que además de ponerse en lugar de sus hombres, era un valiente, como lo demostró cuando se enfrentó con la aviación enemiga, como un artillero más en combate.

—Ahora os puedo decir que también pactábamos con nuestros *amigos* de las SS. Eran unos hijos de puta, pero eran nuestros hijos de puta. Los teníamos con nosotros y era mejor que nos dejaran en paz y, sobre todo, que no cometieran crímenes en nuestro sector. Eso llevaba de cabeza al coronel.

—Ahora que lo dice, capitán —intervino Walter—, es verdad. En nuestro territorio, en el sector del regimiento, no se produjo ninguna intervención de los SS contra la población.

— ¿Y tú te crees que esa dejación de lo que ellos consideraban sus responsabilidades, su deber, era gratuita? —le preguntó Willy con sorna.

— ¿Qué les daba a cambio el coronel? —inquirió, esta vez, Albert Bukovsky.

—Hacer la vista gorda sobre sus robos, que eran constantes. ¡Cómo les gustaba el lujo a algunos de sus altos mandos! Incluso les dejaba meter mano en las despensas de la división. Podríamos decir que les pagábamos un diezmo para que nos dejaran en paz.

—Pero esta situación es distinta, Willy —matizó Thomas Schulze—. Aquí no estamos protegiendo vidas a cambio de dinero. En Ucrania, no nos enfrentábamos con las Waffen SS, ni sacábamos a relucir sus trapos sucios. Ahora jugamos directamente contra un SS, e indirectamente, cualquiera que sea el resultado del proceso, vamos a reabrir viejas heridas y desprestigiar a toda su organización. Se hablará del oro que expoliaron, de la rivalidad con el *Heer*, de sus ataques contra los judíos... No les va a gustar, no...

—Pues no vamos a dar marcha atrás. Ése es el problema y, al mismo tiempo, ésa es la solución. Como no comprendan nuestra posición y la toleren, vamos a pasarlo muy mal: no sé si aquí, en Bad Rothenfelde, o en otro lugar. Si quieren liquidarnos, tienen mucho poder y no podremos hacer nada —concluyó Willy.

Con esos pensamientos sombríos, los cinco camaradas, que ahora se asemejaban más a cinco almas en pena, transpusieron la puerta de entrada al hotel Zur Post. Después de identificarse en recepción, se dirigieron al bello y lujoso salón de convenciones del establecimiento. La mesa que había en la estancia era enorme y en uno de sus lados se hallaban ya aposentados quienes iban a ser sus oponentes, en un encuentro que a Willy se le anticipaba sumamente complicado y arriesgado.

—Buenos días, señores, ¿con quién tengo el gusto? —saludó Willy con forzada cortesía, dirigiéndose al que parecía encabezar la delegación de ODESSA.

—Buenos días, usted debe de ser el señor Wilhelm Meinhof, antiguo capitán del *Heer*. ¿No es así?

—Sí, *Herr*...

—Ferdinand Rilke, antiguo *Brigadeführer* de las SS.

—Creo que lo mejor sería presentarnos todos. Las graduaciones, ahora, en la vida civil, no tienen mucha importancia. Así que, yo por mi parte, prefiero que no las utilicemos, pero allá ustedes.

—Muy bien, señor Meinhof. Por mi parte no hay inconveniente. Las jerarquías son las que son, sin necesidad de utilizar ningún título.

179

Después de las palabras de cortesía, cada uno de los presentes expuso su nombre y profesión. El desequilibrio, en términos sociales y profesionales, entre los miembros de la *Nemesisverein* y los cinco representantes de las SS, los mismos que habían participado en la primera reunión de Dúseldorf, era patente. El todopoderoso Ferdinand Rilke, tanto antes en la guerra como ahora en la vida civil, se sentía verdaderamente anonadado ¿Cómo se atrevían unos mequetrefes, unos don nadie, a poner en jaque a toda una organización como la de los antiguos miembros de las SS? En ese momento recordó con nostalgía los momentos triunfales de la guerra, cuando mandaba con mano de hierro una brigada de las Waffen SS.

—Vayamos al grano, señor Meinhof —declaró el antiguo *Brigadeführer,* que no podía evitar dirigirse en tono autoritario a los cinco *pigmeos* que tenía delante de sí—. La denuncia que han presentado ustedes, contra uno de nuestros camaradas, no es del agrado de la organización. En estos momentos, consideramos que la publicidad del proceso contra Kurt Peckmann no es conveniente. Ustedes deben comprender nuestra posición y obrar en consecuencia.

— ¿Qué esperan de nosotros concretamente? —preguntó Willy, que no quería divagaciones.

—Que abandonen el caso por completo —intervino ahora el ex coronel Rudolf Schornstein—. Ello significa que no deben personarse en el juicio como acusación; que ninguno de sus testigos debe comparecer; y que, por supuesto, ninguna de sus pruebas debe ser presentada. ¿Les queda claro?

—Eso que nos piden ustedes es absolutamente inaceptable, señor...

—Schornstein, del Tribunal Regional de Dúseldorf. —Al pronunciar estas palabras, a Willy se le heló la sangre y pensó—: «¡Joder estos tíos!, a pesar de la derrota en la guerra, están metidos hasta la médula en el sistema».

—Como le decía —continuó Willy—, no hemos llegado hasta aquí para tirar ahora la toalla. Esto quiero que también les quede muy claro a ustedes, además...

— ¿Cómo se atreve, *Herr* Meinhof?, ¿sabe con quién está hablando? —le interrumpió el ex capitán Maisel, al tiempo que le dirigía una mirada llena de odio.

— ¿Capitán Meinhof, puedo intervenir? —preguntó Thomas Schulze, ignorando deliberadamente al SS—. Willy, que tenía gran confianza en quien había sido sargento de la 150, le contestó afirmativamente.

—Señores, nosotros, los miembros de la *Nemesisverein*, que nos batimos valientemente contra el enemigo en la guerra, fuimos traicionados por un oficial de las Waffen SS. ¿Saben cuál fue el resultado de esa traición?, y no me estoy refiriendo ahora al oro: que de los 140 hombres que, en 1943, componían la compañía 150 del ejército regular, sólo 38 pudimos regresar de la Unión Soviética. Los demás están todos muertos y formaban parte del ejército, como ustedes.

—Comprendemos su postura, pero razones superiores exigen que abandonen ustedes su empeño —insistió el ex coronel Schornstein.

— ¿Qué harían ustedes si por una traición de un oficial del *Heer,* una compañía entera de las Waffen SS hubiera desaparecido? —volvió Thomas a la carga.

—Nosotros no habríamos ido a juicio. Pura y simplemente, lo habríamos *solucionado*, sin darle ninguna publicidad y manteniendo la boca cerrada... hay muchas maneras —contestó, ahora, el ex sargento Peter Feldhaus, que había pedido la palabra al general.

—Ésa es la diferencia entre ustedes y nosotros. A nosotros no nos está permitido tomarnos la justicia por nuestra mano —le replicó Willy que había hecho un signo a Thomas para que le dejara responder en su lugar.

— ¡Déjese ahora de monsergas! —le reconvino el general—. Además, nos movemos en el campo de las presunciones. Ustedes no tienen la certeza de que Kurt Peckmann sea culpable. De todos modos, en este momento, ese aspecto es secundario. Lo que queremos, y no me cansaré de repetírselo, es que se olviden de todo lo relativo al futuro proceso, si no...

— ¿Si no, qué?... ¿Qué está insinuando *Herr* Rilke? —le interrumpió Willy frunciendo el ceño.

—Nosotros somos una organización muy potente —prosiguió Rilke—. Estamos en muchos sitios, a veces en los lugares más insospechados. Tenemos mucha información... y muchas influencias, de eso no le quepa la menor duda. Si llegado el caso, fuere preciso adoptar alguna acción... digamos de castigo, no nos temblaría la mano.

—En ese caso, a quien deberían castigar es a Peckmann, no a nosotros. Recuerden que ustedes formaban parte del ejército. Él les ha traicionado también a ustedes.

—Pues tendrá que demostrarse. Pero le repito que eso, ahora, no es relevante.

—*Brigadeführer,* recuerde lo que pone en su daga de SS: «*Meine Ehre ist die Treue*» (Mi honor es la fidelidad) —insistió Willy.

Así continuó la reunión, por espacio de dos horas, sin que ninguna de las partes abdicara de su posición. El ambiente empezó a caldearse peligrosamente y los rostros de los contendientes reflejaban, sin ningún disimulo, el punto muerto que estaba alcanzando la discusión. En el fondo, a Ferdinand Rilke, a pesar de su aparente firmeza, el papel que estaba asumiendo no le gustaba nada. Sólo necesitaba algún argumento de peso para retirarse, enseñando los dientes, pero dejando que las cosas siguieran su curso. Viendo que no las tenía todas consigo, Willy utilizó una última carta:

—General, si me permite, quiero que eche un vistazo a este documento.

Ante la sorpresa de sus camaradas, que no sabían nada, Meinhof extrajo de su chaqueta un sobre que contenía un escrito. Se trataba de una copia de la confesión manuscrita que Roland Gross había realizado el mes anterior, como consecuencia del pacto con Jürgen Cara Cortada. Por supuesto, Willy había tomado la precaución de tachar en el documento cualquier referencia que pudiera conducir a los SS hacia el testigo de cargo. Aunque Rilke no se dejó impresionar por la iniciativa, Willy creyó apreciar en su cara un gesto contenido de indignación. Después de leerlo detenidamente, lo pasó a los demás miembros de ODESSA.

— ¿A qué viene esto ahora? —preguntó fingiendo estar desconcertado y añadió—: Se trata de una copia, los nombres están tachados... Ustedes pueden haberla manipulado.

Entonces, Willy se tiró a tumba abierta quemando su último cartucho:

—Míreme a los ojos, general Rilke. ¿Usted cree que nosotros nos habríamos embarcado en esta aventura sin estar seguros de lo que defendemos, sin tener las pruebas suficientes, y sobre todo, sin la convicción profunda de la culpabilidad de Peckmann?

— ¿Es todo lo que tienen que decir? —zanjó el ex *Brigade-führer* con rudeza.

—Sí, mi general.

—Pues entonces, damos por finalizada esta reunión, que

tengan buen día caballeros, ya están advertidos. —concluyó, levantándose de su silla, al tiempo que lo hacían los que habían venido con él—. A pesar del brusco final del encuentro, Willy no salió del todo descontento de la sala de juntas, pues, al levantarse del asiento, su interlocutor le dio la mano y sonrió a todos. Parecía decirles: «Ojalá tengan suerte y el denunciado sea condenado, entonces no habrá ningún problema para ustedes. Entretanto todo queda en suspenso». Pero sólo eran intuiciones. Nada estaba claro. De cualquier manera, el general y sus acólitos habían podido comprobar que la *Nemesisverein* no era un grupo de aficionados ni nada por el estilo. Enfrente tenían a unos ex soldados alemanes, bien organizados; decididos a que se hiciese justicia con todas las consecuencias; y sin que nada pudiera ya resquebrajar su sólida voluntad. De todos modos, antes de abandonar el salón de convenciones, Willy y los suyos vieron como los ojos del ex capitán Maisel y del ex sargento Feldhaus echaban chispas al tiempo que les miraban con una inquina que no podían disimular. Minutos después, Willy y los demás platicaban en el bar del hotel.

—Bueno muchachos, aquí ya no podemos hacer nada, la verdad es que no sé qué decir.

—Capitán —declaró Thomas—, seguimos hacia adelante, pero es mejor que de esto no digamos nada a los demás, salvo a Klaus Zimmermann.

—Sí, creo que será lo mejor. Ahora sólo nos queda rezar para que todo salga bien.

En el campo contrario, como habían intuido Willy y los suyos, a pesar de las apariencias, las posiciones estaban encontradas.

—Señores, creo que por el momento ya es suficiente. Les hemos dejado clara nuestra postura —afirmó Rilke a los otros miembros de ODESSA.

— ¿Usted cree, general? —dudó Heribert Maisel, que no había salido nada convencido de la reunión.

— ¿Qué quiere Maisel, que nos liemos a tiros con los treinta y pico miembros de la *Nemesisverein*? Usted ha visto que están decididos a seguir con el proceso. Yo, hasta que no sepamos si Peckmann es o no culpable, no haría nada. Ya les hemos advertido. Si abandonasen, que lo dudo, el tema estaría zanjado. Nosotros, en cualquier caso, haremos una investigación interna pues, cómo comprenderá, un traidor, si así se demuestra, no puede permanecer en nuestras filas. ¡Bajo ningún concepto!

—Yo estoy de acuerdo con el general —confirmó el ex coronel Schornstein—, de momento no haría nada. Tiempo habrá de tomar... medidas, si las cosas... se complican.

**

Al día siguiente, durante el desayuno en el hotel, Willy, recuperado en parte de las tensiones vividas, propuso hacer una excursión por el bosque de Teutoburgo, uno de los mayores atractivos del lugar.

—Camaradas, en este tema ya hemos hecho todo lo divino y lo humano. Ahora, sólo queda esperar que se inicie el proceso contra el objetivo X y que todo salga bien. Para rebajar las tensiones, propongo una excursión, en plena naturaleza. Además, nos aclarará las ideas. ¿Qué os parece?

—Yo me adhiero, capitán. Parece que ha interpretado mis pensamientos —le contestó Albert Bukovsky.

—A mí también me gustaría —se pronunció Waldemar, que admiraba al capitán, y añadió—: Además, a usted ahora no le voy a dejar ni un minuto sólo.

—Gracias, Waldemar, ya sabes lo mucho que te aprecio. ¿Y vosotros, Walter y Thomas, qué decís? Mañana es domingo, hoy ya hemos cumplido y podemos relajarnos un poco.

—Yo no puedo, capitán, le dije a mi esposa que volvería hoy mismo a Stuttgart —le contestó Thomas con cara de circunstancias.

—Yo tampoco puedo quedarme. Además usted está en buenas manos.

Después de despedirse de sus dos compañeros, Willy, Albert y Waldemar alquilaron tres bicicletas y partieron hacia el bosque, que distaba sólo unos pocos kilómetros del hotel. Tras pedalear durante unas cuantas horas, adentrándose en lo más profundo de la espesura, y llegar al final de un camino de tierra, abandonaron sus vehículos. Luego, caminaron durante unos minutos y se toparon con una colina escarpada, iniciando su ascensión. Al llegar a la cima, se recrearon con el paisaje: el *Teutoburger Wald,* una masa boscosa de grandes dimensiones, se ofrecía a ellos en toda su grandiosidad y esplendor. Allí, en la época romana, había tenido lugar una famosa y decisiva batalla en la que Arminio, un caudillo germánico, exterminó a las tres legiones mandadas por el gobernador de la provincia *Germania Magna*, Publio Quintilio Varo, que se suicidó al ser derrotado.

—Tras el enfrentamiento —explicó Willy a sus dos compañeros—, el *limes germanicus* (la frontera del Imperio romano) quedó establecida en el Rhin. Los romanos ya no se atrevían a adentrarse más hacia el Norte. ¿Conocíais la historia?

—Sí, todos la hemos estudiado en el colegio. *Hermann* (Arminio) tenía un par de cojones, capitán —aseveró Albert mientras blandía su puño cerrado.

—Sí, era un gran guerrero, valiente e inteligente, pero su vida es muy triste. Le traicionó Segestes el padre de Thusnelda, su esposa, entregándosela a los romanos en cautiverio, y luego Arminio fue asesinado por miembros de su familia política.

186

—Eso de las traiciones parece casi una constante en la historia.

—Sí, pero tenía un ideal, como nosotros, y luchó por él, a pesar del inmenso dolor de saber que su esposa embarazada se encontraba en poder de los romanos que, para mayor escarnio, la exhibieron en Roma tras vencer a Arminio en otra batalla.

Al descender de la colina, Waldemar, que había permanecido callado hasta entonces, empezó a ponerse nervioso:

—Capitán, no sé por qué, pero me noto raro. Yo creo que debemos volver ya al hotel. Se me están erizando los pelos de la espalda.

— ¡Vaya!, ¿ya empiezas con tu sensibilidad felina? —le increpó Albert con sorna.

—No te rías, no sé...

—Hagamos caso a Waldemar y volvamos —terció Willy que sin embargo se sentía muy tranquilo y relajado tras las tensiones del día anterior.

— ¡Muy bien, hombre, ahora que quería yo llevaros a donde pastan las vacas para que aprendierais algo sobre ganadería!

—Otro día será, soldado Bukovsky. Además, es verdad, tenemos que volver y acostarnos pronto. Quiero estar a primera hora de la tarde en Karlsruhe. No he dicho nada en casa, ni a Ilse, y no quiero que empiecen a pensar cosas raras. Tú también tienes que volver a Hamburgo, Albert, y te espera un largo viaje.

—Me ha convencido, capitán, como siempre.

—No me hagas la pelota. Ya sabes que no me gusta.

Mientras bajaban de la colina, dos hombres, escondidos entre los árboles, les acechaban en el llano.

187

— ¡Ya bajan esos cabrones! ¡Qué bien hemos hecho en seguirles! ¿Tienes las armas preparadas?

Se trataba de Maisel y Feldhaus, que no habían compartido con sus jefes de ODESSA la necesidad de adoptar una actitud *pasiva* frente a los miembros de la *Nemesisverein*.

—Sí, Peter, toma tu *Luger*. Aquí no nos oye nadie. No hace falta utilizar el silenciador.

—Acabemos de una vez con estos hijos de puta. La organización, a pesar de todo, nos lo agradecerá.

Así salieron al encuentro de los tres confiados, que silbaban mientras bajaban al trote desde la cima del promontorio donde habían permanecido más de una hora. Willy reaccionó inmediatamente, pues reconoció a quienes les estaban esperando 10 metros más abajo y olió el peligro.

—¡¡¡Atrás!!! ¡Dispersaos!

De inmediato, Maisel y Feldmann, que no habían podido resistir la tentación de mostrarse, sacaron sus armas y abrieron fuego a discreción alcanzando a Albert en una pierna e hiriendo a Waldemar en un hombro. Éste y Willy, corriendo en zigzag, consiguieron adentrarse en el bosque mientras los dos SS les perseguían gritando, disparando, y lanzándoles todas las maldiciones habidas y por haber.

Albert quedó tendido en el suelo a consecuencia de la herida. Afortunadamente, los SS no repararon en él, pues su objetivo principal era alcanzar a los dos fugitivos y exterminarles. Pero pronto, les perdieron de vista y todo el frenesí del encuentro se tornó en un silencio gélido, apenas roto por los ruidos propios del bosque. La densidad de la vegetación y las frondosas cúpulas entrelazadas de los árboles, cubrían el suelo de un manto de sombra que hacía más difícil detectar a los huidos.

— ¡Descansemos, Waldemar! —le susurró Willy que después de correr un buen rato a pleno pulmón, ya no podía más—. ¡Estás sangrando en el hombro!

—Sólo es un rasguño, ¿qué hacemos ahora capitán?

—Tranquilo, gracias a Dios tengo mi *Luger*. ¿Te trajiste algún arma?

—Sólo mi puñal, estoy deseando utilizarlo contra esos cabrones —le respondió mientras su cara parecía transformarse en una máscara siniestra, ajena a toda sensación de miedo y de nerviosismo.

—Ahora, escucha atentamente, mi buen Waldemar. Pronto estarán aquí y no van a descansar hasta que acaben con nosotros. Saca tu puñal. —El ex soldado obedeció con prontitud—. ¡Hazme un corte en la palma de la mano!, ¡rápido!

— ¿Pero, capitán, está usted loco?

— ¡Soldado Waldemar, obedezca de inmediato!

Entonces, Willy se arremangó el brazo izquierdo, extendió su mano bien abierta, y aquél le hizo un tajo en el lugar indicado llenándose de sangre el hueco de la mano.

— ¡Dame el puñal, rápido! —continuó hablando en voz baja e imperativa.

El ex soldado, que no acertaba a comprender lo que quería su jefe, pero que tenía una fe ciega en él, obedeció. Willy le hizo dos agujeros del tamaño de una bala en el jersey y la camisa que vestía, y los regó con su sangre, de tal manera que las falsas heridas pudieran apreciarse con claridad.

— ¡Ahora escucha y mírame a los ojos! Échate en el suelo, en un claro donde te puedan ver y oculta el puñal debajo de ti, ¡pronto!

Yo me voy a esconder muy cerca, detrás de un árbol. Tienes que llamar la atención del enemigo gimiendo de dolor. Cuando veas que uno de los dos se acerca lo suficiente, yo disparo al otro, tú te incorporas y... ya sabes. Nos va la vida en ello.

— ¡Entendido, capitán! —asintió Waldemar, que parecía vivificado por lo que estaba pasando y cuyo único deseo rabioso era entrar en acción, como en la guerra.

Echándose al suelo, con su ropa convertida en un amasijo agujereado y sanguinolento, y con sangre en el cuello, prorrumpió en una especie de llanto lastimero. Willy, por su parte, se anudó la mano izquierda con un pañuelo para detener la hemorragia; se alejó unos quince metros; y se tiró al suelo detrás de un árbol, sosteniendo su *Luger* con la mano derecha, mientras acechaba la llegada de los dos asesinos.

La espera no se hizo larga. Transcurridos unos minutos, Maisel y Feldmann, que habían oído los gritos lastimeros de Waldemar, surgieron de la espesura y se acercaron sigilosamente al lugar donde yacía el falso moribundo, sin sospechar nada.

—Creo que a este hijo de puta le hemos dado bien —dijo Maisel mientras él y su compinche se aproximaban al caído, que no paraba de quejarse retorciéndose y cubriéndose el pecho con una de sus manos.

—A este cabrón, ya no le queda mucha vida —afirmó Feldmann, inclinándose sonriente sobre el cuerpo del caído.

— ¡Remátalo ya, voy a buscar al otro! —exclamó Maisel con cara de satisfacción.

Entonces, ocurrió lo que menos esperaban. Como un rayo, Waldemar se incorporó y traspasó con su puñal al atónito Feldmann, que se derrumbó de inmediato, mientras Willy abría fuego repetidamente sobre Maisel, que salió huyendo. Ahora, el perseguidor se había convertido en perseguido, y Willy, que tenía alas en los pies, le dio caza pronto.

— ¡Tira el arma ahora mismo! —conminó al SS que había tropezado y caído al suelo de bruces.

— ¡Sí, por favor, no dispares! —Levantándose de espaldas y alzando sus manos, pero sin soltar el arma, el capitán Maisel giró sobre sí mismo y disparó, pero Willy se anticipó unas décimas de segundo... decisivas.

— ¡Tú te lo buscaste, traidor! —exclamó Willy, después de acertarle de lleno con varios tiros.

Cuando comprobó que su agresor estaba muerto, volvió sobre sus pasos hacia el lugar donde se encontraba Waldemar. Éste limpiaba tranquilamente la hoja de su puñal, clavándola repetidamente en el suelo. A su lado, con el cuello seccionado por la yugular, yacía el cadáver del ex sargento Feldmann.

—Quería cerciorarme de que estaba muerto, capitán —dijo Waldemar en voz baja, casi inaudible, como si quisiera disculparse.

—No hace falta que me des detalles. Esto es como en la guerra —le matizó Willy mirándole con cara inexpresiva—. Vamos a buscar a Albert y luego los enterramos.

Al llegar a la zona donde les habían atacado, sólo encontraron gotas de sangre en el suelo, pero ni rastro de su compañero. Parecía haberse volatilizado.

— ¡Si se cayó por aquí! ¡Lo que faltaba, capitán!

— ¡Y que lo digas, Waldemar!

—Pero no puede andar muy lejos. —Entonces se pusieron a buscarle febrilmente por los alrededores mientras gritaban su nombre. Pero pasaron diez minutos sin que diesen con él.

— ¿Qué hacemos ahora? ¿Dónde se habrá metido este tío? —se interrogó Willy, en voz alta.

Entonces, notó un pequeño golpe en la cabeza, y una voz que le llamaba desde lo alto. Era Albert, que acababa de lanzar una piña contra el capitán.

— ¡Estoy aquí arriba, capitán Meinhof! —gritó con fuerza.

Al levantar la cabeza, éste y Waldemar se quedaron de piedra pues, a pesar de su herida, Albert había conseguido encaramarse y trepar a uno de los árboles, donde estaba sentado sobre una rama gruesa. Su pantalón tenía una gran mancha de sangre a la altura del muslo derecho.

— ¿Qué pretendías? ¿Crees que no te hubieran encontrado? ¿Qué tal tienes la herida, te han dado fuerte?

—No me duele mucho, creo que podré caminar todavía. He tenido mucha suerte, la trayectoria de la bala ha sido limpia. Me ha traspasado el muslo sin romper el hueso y no ha afectado a la femoral. ¿Y usted? Su mano izquierda está sangrando.

—Ya te contará Waldemar, yo no tengo ganas de nada, pero hemos salido de ésta.

— ¿Habéis acabado con esos dos asesinos?

—Sí, ya puedes bajar del árbol. Me parece ingenioso lo que has hecho, pero tengo mis dudas de que hubiese salido bien.

—Ahora eso da igual, capitán. ¿Dónde los habéis dejado?

—No están muy lejos. Vamos a enterrarlos y luego nos volvemos. Lo que no podemos es dar parte, sería un suicidio tal y como están las cosas. ¿Os imagináis los periódicos? Dirían algo así como:

«Tres miembros de la *Nemesisverein* han sido detenidos y acusados de la muerte de tal y tal, antiguos miembros de las Waffen

SS, se sospecha que se trata de una venganza por un turbio asunto de un cargamento de oro, etc., etc.».

—La verdad es que como noticia sería muy sensacionalista, pero no creo que beneficiase mucho nuestra posición en el juicio que se avecina.

—No, Albert, de eso puedes estar seguro. Perderíamos el favor del público, nos tildarían de salvajes, y no te quiero ni contar el partido que sacaría Peckmann del incidente, aunque alegásemos legítima defensa.

**

Al llegar a la escena de la matanza, al temperamental Bukovsky no le gustó nada lo que vio.

— ¿Pero, qué has hecho, Waldemar, es que no te bastaba dejarle como un coladero? Eres un sádico, cabrón.

— ¿Qué quieres, que le dejase vivo? Él te iba a hacer picadillo.

—No hacía falta ensañarse.

—Eres un maricón.

Entonces, los dos soldados se agarraron de las solapas y Willy se acercó para separarles, abofeteándoles repetidamente.

— ¿Estáis locos? ¿Habéis perdido el juicio? Qué más quisiera el enemigo que vernos así, divididos. Albert, ya sabes cómo es Waldemar. ¿Preferías que siguiera vivo ese hijo de puta de las SS, ese asesino de niños y mujeres en Ucrania, que quería acabar con nosotros? Waldemar lo ha liquidado y punto, y yo al otro. Le podía haber herido, pero he tirado a matar... varias veces.

—Perdón, capitán, por un momento me olvidé de quiénes eran, de lo que representaban esos dos cabrones y, sobre todo, de que iban a matarnos. Esos sí que no hacían prisioneros.

193

—Los tres tenemos familias, Albert. ¿Qué habría ocurrido si les hubiésemos dejado con vida?

—Pero entonces, capitán, nosotros también somos unos criminales.

—En sí mismo, si analizamos el hecho aisladamente, puede que tengas razón, pero en el contexto, considero que nuestra acción estaba justificada. Creo que más claro no puede estar, Albert. Tu buenismo habría puesto en grave peligro a nuestras familias y habría dado al traste con toda la operación Némesis. ¿Quieres eso? ¡No seas ingenuo, no teníamos otra opción!

—Estoy con usted, estoy con vosotros.

—Pues entonces, no se hable más… nunca más de esto… ni a los demás. Tenéis que jurarlo, ¿entendido?

— ¡Entendido! —dijeron los otros dos camaradas, casi al unísono, mientras los tres juntaban sus manos en un gesto de solidaridad que, ya antes, durante la guerra, habían hecho en ocasiones excepcionales.

—Ahora, pongámonos manos a la obra y enterremos los cadáveres —ordenó el ex capitán Meinhof.

Sin herramientas para la labor, tuvieron que convertirse en hombres primitivos. Utilizaron cantos afilados, que encontraron en los alrededores, y se pusieron a cavar febrilmente, a pesar de sus heridas, como si les fuere la vida en ello.

En una hondonada, después de varias horas de duro trabajo, consiguieron abrir una zanja profunda; arrojaron los cuerpos y las armas; lo enterraron todo, y cubrieron la tumba de maleza. Luego se alejaron del lugar, mientras disimulaban sus huellas barriéndolas con ramas de pino. Lo cierto es que la enormidad de un bosque de más de ciento cincuenta kilómetros de largo, y el lugar recóndito donde se habían deshecho de los cadáveres, eran sus mejores cómplices.

—Ahora tenemos que ver cómo nos curamos, sin que nadie se dé cuenta.

—Eso no es problema —los tranquilizó Waldemar—. Ya sabe, capitán, que tengo nociones de enfermería y un botiquín muy aprovisionado en mi casa de Núremberg. Vayamos hacia allí en su coche. Yo coseré sus heridas y ustedes las mías.

—Sí, amigo, no tenemos más remedio. Entretanto pensemos en alguna excusa coherente para nuestras familias.

— ¿Qué te parece si decimos que nos hemos quedado en tu casa, que te habíamos notado muy deprimido, psicópata cabrón? —preguntó Bukovsky a Waldemar, mientras, histérico, se torcía de risa.

—No le veo la gracia —contraatacó Waldemar, estallando a su vez en sonoras carcajadas.

—Sí, camaradas, el señor Waldemar Simka necesita nuestro apoyo durante unos días, al menos hasta que vuelva a la normalidad —concluyó a su vez Willy tapándose la boca con sus manos sucias y ensangrentadas, para contener la risa que también se había apoderado de él. «Maldita la gracia que tiene todo esto», pensó, aunque no pudo reprimirse.

Después de quedar más de una hora tendidos sobre la hierba, recuperando a medias sus fuerzas, los tres se levantaron adoloridos y disimularon sus heridas de la mejor forma que pudieron. Albert se subió a su bicicleta y, como no podía pedalear, sus dos compañeros le remolcaron por turnos. Ya de noche, llegaron a Bad Rothenfelde. Pero antes de entrar en el pueblo, se detuvieron y Waldemar se puso la chaqueta de Bukovsky, entrando él sólo en el hotel-balneario. Allí, tratando de no levantar sospechas, subió a su habitación, se lavó, tapó la herida de su hombro y se pertrechó con ropa limpia, varios pañuelos, cinturones y una toalla de baño que introdujo en un morral. Luego, salió del hotel y se dirigió hacia donde le esperaban sus camaradas, que se cambiaron de ropa con presteza. Willy se enfundó unos guantes para disimular el corte en su mano izquierda. Albert, después de quitarse el pantalón agujereado y cubrirse la pierna herida con un trozo de la toalla, se puso uno nuevo, ayudado por sus dos compañeros.

— ¡Joder, Albert!, ¡qué gordo estas, cabrón, cómo se nota que eres cocinero! —le espetó Waldemar.

— ¡Cállate, pendejo, y tira! —Luego introdujeron las ropas rotas, manchadas de barro y sangre, en el macuto de Waldemar y, como si nada hubiera pasado, como si volviesen de un paseo nocturno, se encaminaron hacia el hotel. Ahora, lo complicado era entrar en el establecimiento sin levantar sospechas, sobre todo Bukovsky, que apenas podía apoyar el pie derecho en el suelo, siendo llevado por sus compañeros casi en volandas.

— ¡Ánimo, camaradas! Sólo nos queda un acto más en esta tragedia, y estaremos salvados. —les arengó Willy. —Entonces a Waldemar se le ocurrió una idea:

— ¿Por qué no entramos cantando en el hotel y Bukovsky simula estar borracho? De esta manera, le podremos sujetar entre los dos y así no se notará que cojea.

— ¡Genial, Waldemar!, ¡eres nuestro salvador!

—Pues yo no quisiera ponerme en manos de ese cirujano, capitán —afirmó el cojo, todo convencido, mientras lanzaba a su compañero una mirada glacial.

— ¡Tú, a callar y a obedecer! A ver qué tal haces tu papel de borracho. ¡Venga, a cantar y a reír! —ordenó Willy que, a pesar de lo tenso de la situación, era capaz de manifestar su sentido del humor negro. De esta manera, los tres volvieron al hotel, y al entrar en el hall sólo provocaron la sorpresa y las miradas curiosas de quienes se hallaban allí y del recepcionista. Bukovsky, sujeto por Willy y Waldemar, entonaba con estos una melodía donde su voz de tenor borracho sobresalía entre las demás.

— ¡Vaya curda que tiene su compañero! —exclamó el empleado de recepción mientras esbozaba en su cara algo parecido a una sonrisa cómplice.

—Es lo que pasa con los amigos cuando no se ven mucho —aseveró Waldemar—. Nos vamos de jarana y... ya sabe. Me parece que vamos a tener que ayudarle a subir a la habitación.

Una vez a salvo en la recámara de Willy, los tres se concentraron para llamar por teléfono a sus más allegados y tranquilizarles, pues les esperaban de vuelta esa misma noche del domingo.

—¡Hola, Ilse! —exclamó el capitán cuando su novia descolgó el teléfono.

—Ya era hora, bribón, ¿No estarás haciendo de las tuyas? ¿En qué lío te has metido ahora?

—Si se le puede llamar lío. Me encuentro en el pueblo de Bad Rothenfelde, en pleno bosque teutónico, cerca de Osnabrück.

— ¿Y, qué haces ahí? Me tienes preocupada. Desde el viernes no sé nada de ti.

—Cariño, es que los camaradas me llamaron para estar con Waldemar, no se encontraba muy bien y ya te he contado que él tiene unas reacciones, digamos... inesperadas. No quería que hiciese ninguna tontería y decidí viajar con él y con los otros aquí, a un balneario.

—Podías habérmelo dicho, *Liebling* (querido). Hay que estar con los amigos, a las duras y a las maduras, pero tienes que acostumbrarte a avisar.

—Lo siento, amor, ya sabes que no era mi intención preocuparte.

— ¿Cuándo te veo?

—Salimos mañana para Núremberg, al departamento de Waldemar. Ya sabes que su familia está en Praga. No tiene a nadie en Alemania, así que vamos a acompañarle unos días hasta cerciorarnos de que abandona sus pensamientos depresivos. Bukovsky se viene también.

—Muy bien, cariño, pero no dejes de llamarme, ya sabes que te necesito.

—Yo a ti también, amor.

Después de esta primera llamada, el capitán platicó también con su madre, tranquilizándola. Luego le llegó el turno a Bukovsky. Éste contó la misma historia a su hermano y le pidió que le sustituyera, por unos días más, en la cocina del restaurante de Hamburgo donde trabajaba.

Esa noche, tras cenar algunas viandas que subieron a la habitación de Willy, y comprobar que la hemorragia de la pierna de Albert había remitido, Waldemar se fue a su habitación. El ex capitán quedó al cuidado de su otro compañero que se acomodó en su cama, privándole de sitio para echarse, y durmiéndose profundamente en pocos segundos. «Pobrecito, y encima se sube al árbol. Debe de estar deshecho, será mejor que no le despierte, ¡pero como ronca el muy cabrón!», pensó Willy, mientras, resignado, cogía una almohada y dos mantas para dormir dentro de la grande y bella bañera de fundición que había en el cuarto de baño.

El lunes por la mañana, después de un opíparo desayuno que les sirvieron en la habitación del capitán, los tres camaradas abandonaron el hotel. En el hall de entrada, Willy y Waldemar tomaron la precaución de ponerse delante del recepcionista, de forma que no pudiera ver cojear a Bukovsky al salir del establecimiento.

—Espero que su estancia entre nosotros les haya gustado —se dirigió a los dos el conserje del hotel.

Después de cumplir con las formalidades de rigor y recibir una muy buena propina, les deseó también un feliz viaje, invitándoles a volver al bosque teutónico. Entonces, Willy y Waldemar se quedaron mirando al pulcro empleado con cara de póker.

—De eso —acertó a decir finalmente Willy forzando una sonrisa—, no le quepa ninguna duda.

Luego, con toda naturalidad, salieron por la puerta giratoria del hotel-balneario que tantas sorpresas les había deparado, y cuya existencia deseaban olvidar para siempre.

**

Waldemar vivía sólo, en un pequeño departamento de Núremberg, hacia donde se dirigieron los tres en el Adler 2l Cabriolet del capitán. Al llegar a la ciudad, lo primero que hicieron fue comprar algo de comer y pasarse por una farmacia para adquirir un botiquín y medicinas. La herida, en la mano izquierda de aquél, no era muy profunda y no tenía mal aspecto. La limpiaron y desinfectaron. Luego la cerraron con dos puntos de sutura y un vendaje de profesional de enfermería que permitía al capitán mover sus dedos. A Bukovsky, Waldemar optó por suturarle los agujeros de entrada y salida de la bala; suministrarle antibióticos para evitar la septicemia; y aplicarle algodón y una fuerte venda. Finalmente le llegó el turno al *improvisado enfermero,* cuyo corte en el hombro derecho no tenía mal aspecto, pero en esta ocasión, fue a Willy a quien correspondió limpiar la herida y coserla.

— ¡Joder, Waldemar!, yo no he hecho esto en mi vida.

— ¡No me diga que ahora se va a marear, mi capitán!

— ¿Por qué no te lo hace Bukovsky?

—Es mejor que lo haga usted, a él no le gustan estas cosas. Además, ¡si no puede ni levantarse!

—Bueno, que sea lo que Dios quiera, ¡vamos allá! —Y el capitán, conteniendo la respiración y aguantando sus nauseas, se aplicó con el hilo y la aguja como si tuviera delante de él una pieza de cuero de res.

—Gracias, capitán, esto es todo lo que podemos hacer.

— ¡Vaya embolado en el que os he metido, amigos! ¿Servirá todo este sacrificio para algo?

—Claro que sí —intervino Bukovsky—. Servirá para hacernos más fuertes, para demostrarnos a nosotros mismos que somos capaces de superarnos aun en las mayores dificultades.

— ¡Tú cállate, imbécil! —le espetó Waldemar molesto, mientras aguantaba estoicamente el dolor de las puntadas que le daba su capitán.

—No estaba hablando contigo, carnicero.

— ¡Callaos ya! ¡Gracias, Bukovsky! ¡Gracias por todo, camaradas! Ahora a rezar para que no se nos infecten las heridas y cicatricen normalmente. No vamos a tener más remedio que quedarnos unos días.

—No pasa nada. Ahora, véndeme la herida, capitán —requirió Waldemar con la cara crispada de dolor y añadió: Incluso es bueno que la vecindad vea a mis amigos, que han venido a hacerme compañía en un momento de mi vida en el que me encuentro un tanto deprimido. ¿No es así, capitán?

—Sí, haces bien la comedia. No conocía esa faceta de ti. ¡Eres tan callado, cabrón! Pero ahora dejadme solo, te sangra un poco el remiendo que te he hecho y creo que... me estoy mareando —acertó a decir Willy antes de caerse redondo en el suelo, por lo que tuvo que ser Waldemar quien le llevase a su cama, le quitase los zapatos y los pantalones, y le cubriese con una manta.

—Gracias Waldemar... me siento muy mal, sabes, todo me da vueltas y no he bebido nada.

—No se preocupe, capitán, eso les pasa a los principiantes. Cuando lo haga más veces ya verá cómo se acostumbra.

—Déjate de bromas, no tiene ninguna gracia. No quiero hacerlo más.

—No, si al final voy a tener yo que cuidar de los dos, porque Albert, mucha filosofía, pero a la hora de coser...

—Si no fuese por ti, Waldemar, no habríamos salido de ésta. Eso está claro... No sabes cuánto te lo agradezco, tómate un calmante... Tenía yo un amigo en Karslruhe que trabajaba en un hospital, era muy bueno, un día... —Y pronunciando estas palabras, y otras totalmente surrealistas, que parecían más un delirio que otra cosa, se quedó dormido como un tronco, ante la mirada afectuosa de su ex soldado que le arropó como si se tratase de un niño. Luego, éste volvió la cara hacia Bukovsky y observó, sonriente, que el bávaro se había quedado también dormido en una gran butaca de orejeras.

Unos días fueron suficientes para que los tres camaradas se recuperasen casi del todo. Bukovsky tuvo que quedarse más tiempo, hasta que la cojera remitió. Sus relaciones con Waldemar continuaban siendo tensas, por lo que una mañana, cuando se sintió bien del todo, recogió sus cosas y abandonó el departamento. A modo de despedida de su camarada, que se encontraba en el trabajo, le dejó una nota muy correcta agradeciéndole las atenciones recibidas.

Por su parte, a Willy no le fue difícil explicar a Ilse, a su madre y a su hermana, lo de su mano izquierda.

— ¿Cómo te has hecho ese corte? —le preguntó Edith, mientras le miraba enfadada.

—Aquel día, en casa de Waldemar, bebimos más de la cuenta. El vaso se rompió, lo dejamos en la mesa, y yo no me percaté cuando me apoyé en él. ¡Hay que ser pendejo!

—Bueno, lo importante —le tranquilizó su madre— es que el corte no haya afectado a ningún tendón.

—No, menos mal, la verdad es que parece como si alguien lo hubiera hecho a posta.

—Cuando nos llamaste por teléfono desde Bad Rothenfelde, yo creí en un primer momento que te había pasado algo y que me estabas engañando con la depresión de Waldemar.

—No, mamá, realmente era una cuestión de amistad. El pobre, aunque no lo exteriorizaba mucho, necesitaba que sus camaradas le apoyáramos. Así que decidimos hacer una excursión al bosque de Teutoburgo. Walter y Thomas volvieron después a sus casas, mientras que Albert y yo acompañamos a Waldemar a Núremberg, para cuidar de él hasta que se repusiera. Mamá, si le llegas a ver hace unos días, te habrías quedado de piedra. ¡Es que tiene unas reacciones tan extrañas!

—En eso tú eres especialista, hijo.

— ¡Mamá, no empieces! Yo ya he superado mis demonios, pero a Waldemar le falta todavía un poco.

—Bueno, hijo, ya sabes que te quiero.

Las investigaciones de la policía no arrojaron ninguna luz sobre el caso de los dos desaparecidos. Parecía como si se los hubiera tragado la tierra (!). Las pesquisas llegaron hasta el hotel Zur Post, el último lugar donde se les había visto con vida. Pero los inspectores no llegaron a ninguna conclusión después de interrogar a Ferdinand Rilke, Georg Schornstein y Kuno Hoffmann. Las declaraciones de los miembros de la *Nemesisverein,* que antes de la reunión no conocían de nada a los desaparecidos, tampoco fueron de gran ayuda.

El hecho no era extraño en un país que, durante los años posteriores a la guerra, había asistido a múltiples desapariciones de antiguos pertenecientes a las SS y de testigos clave en los asesinatos cometidos durante el nacionalsocialismo. Nadie quería escarbar en estos casos y, unos meses después, el tupido velo del silencio y del olvido cayó sobre el asunto. Sólo una nota escueta, aparecida en un diario local durante el mes de febrero de 1953, se refirió a los hechos: «Extraña desaparición: A pesar de las investigaciones realizadas en el entorno vital de los antiguos capitán y sargento de las Waffen SS, Heribert Maisel y Peter Feldhaus, y tras una intensa búsqueda, ha sido imposible averiguar el paradero de los desaparecidos. La *Bundespolizei* —policía federal— ha cerrado el caso con carácter provisional».

A esta premura en el archivo del expediente, no había sido ajena la inhibición de ODESSA, que no había hecho gran cosa por averiguar lo que había ocurrido realmente, y a la que no interesaba airear el tema de la reunión en el Hotel Zur Post. La policía federal, infiltrada por sus miembros, ayudó también a ello con una cierta pasividad, después de hacer todo lo posible (!) por encontrar, sin éxito, el cuerpo del delito.

Como Julio César, que en la noche del 11 al 12 de enero del año 49 antes de cristo se enfrentó al inmenso poder de la República, los miembros de la asociación Némesis y, en especial, su núcleo reducido, habían cruzado el Rubicón, lanzándose de forma irrevocable a una empresa llena de riesgos e incertidumbres.

***

Elke von Heusenberg

Después de las emociones vividas los meses anteriores... y en particular los últimos días... Willy sentía que le quedaba una asignatura pendiente antes de adentrarse en las fangosas aguas jurisdiccionales a la caza del traidor Peckmann. Se trataba de la viuda del coronel barón Von Heusenberg, el militar que él más había admirado en el frente de Ucrania. Tenía que expresarle su agradecimiento por el comportamiento tan ejemplar de su marido al frente del regimiento de la Wehrmacht donde el capitán había servido. Willy sabía que antes de la guerra el coronel vivía en Heidelberg. En consecuencia, no le sería difícil averiguar su domicilio consultando el listín telefónico. Si tenía un poco de suerte, Elke, su viuda, todavía moraría en la casa familiar. Heidelberg había sido respetada por los bombardeos aliados durante la Segunda Guerra Mundial, al no tratarse de un centro industrial ni de transporte.

Efectivamente, el apellido Von Heusenberg seguía existiendo en la guía telefónica, así que Willy dio con ella y Elke accedió a recibirle, al identificarse aquél como uno de los oficiales pertenecientes al regimiento comandado por su difunto marido. El domicilio estaba situado cerca de la plaza del mercado, centro neurálgico de la ciudad y lugar de encuentro para los turistas y los estudiantes, pues Heidelberg era un afamado enclave universitario. Después de respirar hondo, Willy se presentó en la vivienda. Elke le había invitado al *Kaffeetrinken* –la clásica merienda alemana—, a las cuatro y media de la tarde.

Al llamar a la puerta, el antiguo capitán de la Wehrmacht sintió una punzada en el estómago. Era como si el propio *Oberst* (coronel) Von Heusenberg fuera a aparecerse, con su porte gallardo, su sonrisa característica y su carácter afable, como si nada hubiera pasado. En verdad, lo que más le hubiese gustado en ese momento habría sido fundirse en un cálido abrazo con su oficial superior, agradeciéndole todo lo bueno que había hecho por los hombres del regimiento.

—Buenas tardes, usted debe de ser el capitán Meinhof, ¿no es así?

—El mismo, señora Von Heusenberg. Tenía muchas ganas de conocerla. Su marido, en algunas de las contadas ocasiones que teníamos para platicar, me habló de usted... la echaba mucho de menos.

—Señor Meinhof, no he podido superar todavía la muerte de mi Ludwig. Era un ser excepcional. Se entregó a fondo por su patria en esta maldita guerra, pero ¡pase, por favor!, ¡no se quede ahí afuera!

El interior de la casa de los Von Heusenberg era un amplio departamento, limpio y austero, donde los recuerdos del pasado lo llenaban prácticamente todo. Y es que Elke no había querido... o podido rehacer su vida con otro hombre, tal era la arrolladora personalidad del barón y el mutuo amor que los dos se habían profesado.

— ¡Qué bien está en esta foto! Parece que le estoy viendo inspeccionar nuestras tropas, en uniforme de campaña, con nosotros, como un soldado más —exclamó Willy mientras tomaba en sus manos un retrato del coronel en el frente y se quedaba mirándolo ensimismado.

—A usted le tenía en gran estima, señor Meinhof.

—Y nosotros a él... Le voy a contar algo que hasta ahora no había referido a nadie. Fue en el otoño de 1941, durante el primer año de la Operación Barbarroja. Entonces, nuestras tropas permanecían invictas y nosotros, en el fondo, para qué vamos a negarlo, estábamos orgullosos de la capacidad militar de Alemania, aunque prefiriésemos la paz y algunos, como su marido y yo, renegásemos de Hitler y sus secuaces. Pero lo cierto es que era muy difícil sustraerse al entusiasmo general. Éramos imbatibles y, en este sentido, la inmensa mayoría de la población apoyaba, adoraba a Hitler.

—Lo mismo me decía Ludwig en sus cartas.

Éste es el relato que refirió Willy a la viuda de su coronel:

«Todo ocurrió cuando ya estábamos combatiendo a los rusos en el frente de Ucrania, a unos cien kilómetros al oeste de Kiev. Nos enteramos que el pueblo que íbamos a atacar no había sido evacuado todavía. Eso significaba que las mujeres, los niños y los ancianos, todavía permanecían allí. A nosotros, y en particular a nuestro regimiento, nos tocaba avanzar desde el Este, y a las Waffen SS, desde el Oeste. Se trataba de maniobrar como una tenaza, reducir las bolsas de resistencia, y, si era necesario, destruir el pueblo con todo lo que había en él. Ludwig —me permitirá que me refiera así a su marido— me comunicó la situación en el puesto de mando improvisado, que teníamos a unos seis kilómetros del objetivo:

—Esta es la situación, teniente —me dijo el coronel (pues yo todavía no había sido ascendido a capitán).

—Ya veo, coronel, ¿y qué vamos a hacer?

—No podemos desobedecer las órdenes, pero se me ha ocurrido un plan que podemos poner en marcha antes de las ocho de mañana. Ya sabe que, a esa hora, la artillería y luego la fuerza aérea empezarán a machacar las posiciones de los rusos, y con ellos, la pobre e inocente población civil sufrirá las consecuencias.

—Soy todo oídos, mi coronel.

—Lo que voy a pedirle, Willy, excede de sus obligaciones. Si no quiere, no está obligado a quedarse. Simplemente márchese y que nadie sepa de lo que hemos platicado.

— ¡Qué poco me conoce, mi coronel! —le respondí, poniendo cara de pocos amigos—. Permítame que le diga que no voy a tener en cuenta lo último que ha dicho.

—Muchas gracias, teniente, ya sabía que podía contar con usted. —Entonces, Ludwig se emocionó un poco, aunque lo disimuló muy bien y me dio unas palmaditas en el hombro. Su marido, señora, era muy cercano a sus hombres ".

En este momento, Elke, que escuchaba atentamente y abría mucho los ojos mientras miraba a un punto indefinido del techo, se excusó unos minutos. Visiblemente afectada por lo que el ex capitán de la Wehrmacht acababa de contarle, se retiró al cuarto de baño, desde donde Willy pudo escuchar sus sollozos inconsolables. Unos minutos después, volvió al salón:

—Perdone, Willy, me permitirá que me dirija a usted así, pero de pronto me han venido recuerdos muy intensos.

—No se preocupe, lo comprendo... y comparto sus sentimientos.

Willy reanudó el relato:

«El coronel me confió que nuestra única posibilidad era convencer a los militares soviéticos de lo inútil de su resistencia y del coste en vidas humanas inocentes que ello iba a suponer:

—Por supuesto, lo más importante es hacer hincapié en las vidas de mujeres y niños que están en juego. Para ello, usted, sin conocimiento de las SS ni del alto mando, se desplazará dentro de una hora hacia el pueblo con una bandera blanca. ¿Sabe que puede morir, o algo peor?

—Sí, mi coronel, pero el intento merece la pena.

—Muy bien, pues entonces vaya usted hacia allí. Voy a dar ahora mismo las órdenes necesarias en nuestro sector para que no le molesten.

—Gracias, coronel".

En ese momento, se dirigió a la viuda de Von Heusenberg: 'Yo sé que a su marido le hubiera gustado realizar él mismo esta misión, pero eso era inadmisible desde el punto de vista militar, y yo mismo lo hubiese impedido'.

"Serían las tres de la tarde —prosiguió narrando—, cuando, solo y desarmado, con una bandera blanca desplegada, me dirigí hacia las posiciones rusas y pedí hablar con el jefe que estuviese al mando. Al principio, los soviéticos recelaron y temí por mi vida, pero luego me vendaron los ojos y me llevaron a presencia de aquél. Le dije que nosotros, los del quinto regimiento, no éramos unos criminales y que sabíamos que las mujeres, los niños y los ancianos, no habían sido evacuados del pueblo. Le ofrecí entonces una tregua para que la población civil pudiera salir del cerco hacia un lugar más seguro, a través del sector del frente que nosotros controlábamos, y le advertí que la iniciativa era del *Heer*, del ejército regular, no de las Waffen SS.

El comandante soviético no era un imbécil ni un asesino, así que accedió a lo que le había pedido y los habitantes del pueblo huyeron de la zona de combate por un corredor que preparamos con esa finalidad. No podíamos hacer más, pero de esta forma el número de bajas fue sensiblemente inferior a la carnicería que, a buen seguro, hubiéramos causado, de haberse aplicado la táctica inicial de tierra quemada. Éste era el espíritu que su marido nos inculcaba, y yo estaba plenamente de acuerdo, *Frau* Von Heusenberg».

Cuando el ex capitán Meinhof finalizó su relato, Elke se le quedó mirando fijamente, con cara angelical… llena de felicidad.

—Esto no me lo había contado Ludwig. En realidad no me contaba mucho del frente. Me ahorraba preocupaciones. Eso hacía que le quisiera más todavía.

—En fin, *Frau* Von Heusenberg, hay más historias que podría contarle en otra ocasión, si quiere usted. Yo sólo deseaba testimoniarle mi agradecimiento y el de mis hombres, y mi admiración personal por su marido.

—No sabe cómo me reconfortan sus palabras. Mi Ludwig llevaba dos guerras ya a cuestas. Había visto mucha miseria y mucha muerte injusta, y uno de sus afanes principales era hacer que lo inhumano no lo fuese tanto.

—¿Dónde está enterrado?

—Aquí, en el cementerio. Trajeron su cuerpo desde Ucrania y toda la familia, incluidos mis padres y mis hermanos, asistimos a la ceremonia fúnebre.

—Tengo que pedirle un favor, *Frau* Von Heusenberg.

—Dígame, Willy.

—Su marido me trataba como a un hijo y cuando se refería a nosotros, a los de su regimiento, siempre decía *meine Kinder* (mis niños). Desearía quedarme con algo que le hubiera pertenecido, algo personal. Le puede parecer una nimiedad, pero para mí es muy importante.

—De eso nada, espere un momento —le rogó Elke, mientras salía del salón. —Al volver, traía entre sus manos un objeto que guardaba envuelto en tela. Sin pronunciar palabra, lo descubrió, y ante los ojos sorprendidos y extasiados de Willy, mostró la daga ennegrecida de oficial que su marido llevaba ceñida a la cintura, minutos antes de morir en acción.

—Quiero que la tenga usted. Él se sentiría muy orgulloso de que se la quedara... estoy segura.

—No tengo palabras... Ha sido un honor platicar con usted, *Frau* Von Heusenberg.

—El honor ha sido para mí, *Herr* Meinhof.

Aquí tiene también este sobre. No lo abra hasta que se haya ido… es algo muy personal y no quiero estar presente.

Al salir del edificio, Willy, que estaba muy emocionado e impaciente, tomó el sobre del *Feldpost* −el correo militar de campaña−, y lo abrió. Dentro había una carta fechada el 15 de septiembre de 1943, un mes antes del bombardeo que causó la muerte del coronel, y decía así:

«Querida Elke:

Sabrás por la prensa y el semanario cinematográfico, que nuestras tropas resisten duramente los ataques soviéticos. El frente se está complicando mucho y, en contra de la propaganda oficial, muy pronto vamos a tener que retirarnos. Querida, mi situación al mando del regimiento se va a hacer insostenible, pues las Waffen SS y la policía de seguridad van a acentuar su campaña de terror, si las cosas, como preveo, se tuercen en esta guerra para el ejército alemán. No sé qué será de mí, pero no debes preocuparte, sino mantener en todo momento la cabeza bien alta.

Si algo me pasara, me queda el consuelo de lo poco que he podido sembrar en esta guerra entre mis hombres. ¡Menos mal que estoy rodeado de oficiales como el teniente coronel Baumann o el capitán Meinhof! En el trato ordinario tengo que mantener las distancias, pero no sabes cuánto me gustaría decirles familiarmente lo que les aprecio, y cuánto agradezco lo que han hecho por mí y por el regimiento al obedecer órdenes, a veces muy difíciles, para que esta guerra no sea tan cruel y no se cobre tantas víctimas inocentes…

…Pienso en ti y te quiero mucho, Elke.

Tu Ludwig ».

Cuando Willy terminó de leer la carta, rompió a llorar como un niño. Un señor con cara adusta, que pasaba en ese momento por la calle, se atrevió a recriminarle.

— ¡Pero no le da vergüenza! ¡Compórtese, hombre, como un buen alemán!

— ¡Como un buen alemán! ¡Qué sabrá usted lo que es ser un buen alemán! ¿Dónde estaba usted en la guerra? ¿Cuántas vidas ha salvado? ¡Eso es ser un buen alemán!

FIN

Índice